QUEBEC
TROIS RIVIERES
MONTREAL
Iroquois
Lac Ontario ou Lac Frontenac
Iroquois

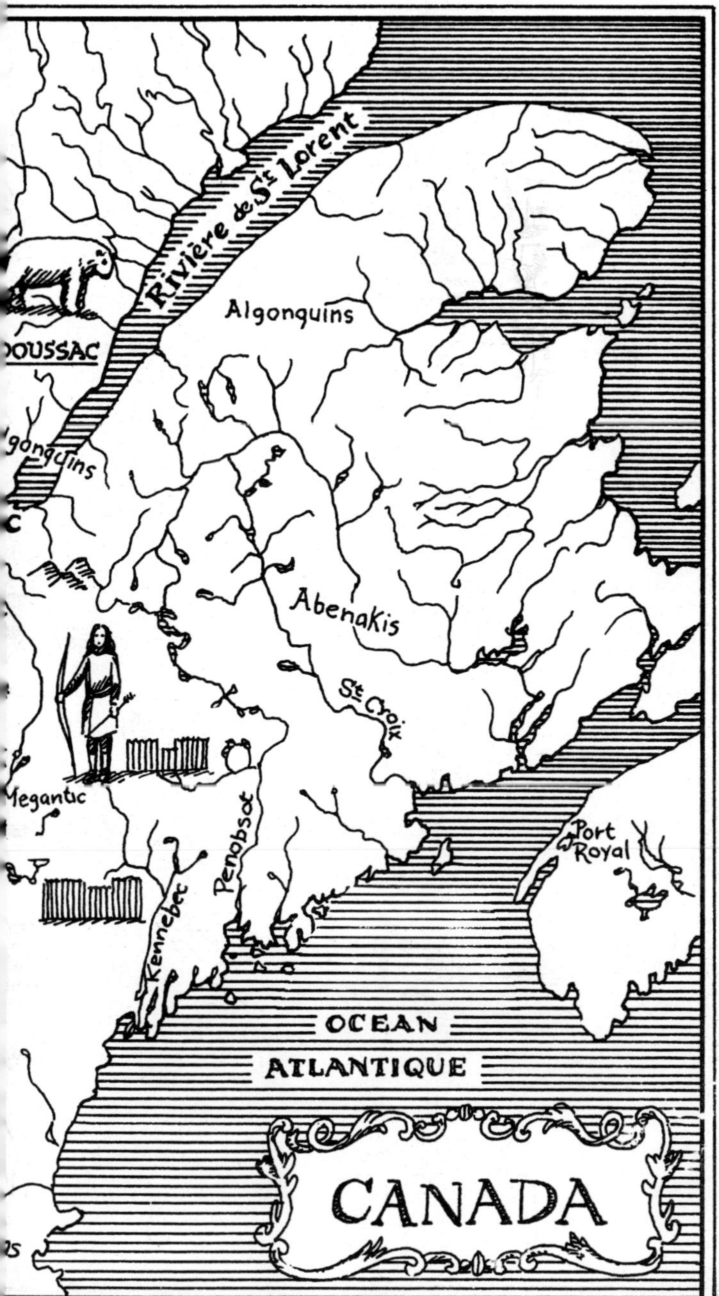
Rivière de St Lorent
Algonquins
DOUSSAC
lgonquins
Abenakis
St Croix
Megantic
Penobscot
Kennebec
Port Royal
OCEAN
ATLANTIQUE
CANADA

LES MÉMOIRES DE Samuel de Champlain

Conception graphique de la couverture: Martin Dufour
Illustrations: Pierre Decelles

Dépôts légaux: 4e trimestre 1981
Bibliothèque nationale du Québec
Bibliothèque nationale du Canada

ISBN: 0-7773-3300-7 Imprimé au Canada

LES ÉDITIONS HÉRITAGE INC.
300, Arran, Saint-Lambert, Qué. J4R 1K5
(514) 672-6710

LES MÉMOIRES DE Samuel de Champlain

Texte:
FRANCINE MATHIEU-LORANGER

Illustrations:
PIERRE DECELLES

ÉDITIONS HÉRITAGE
MONTRÉAL

AVANT-PROPOS

D'où est-ce que je viens? Comment je me suis fait? Est-ce que tes parents à toi avaient eux aussi des parents?

Parents et professeurs ont toujours été assaillis de ces questions des enfants au sujet de leurs origines.

Les drames de famille, les hauts faits du grand-père ou les prouesses de l'arrière-grand-mère, autant d'aventures passionnantes qu'il fait bon écouter avec un émerveillement teinté de respect.

S'il était possible de raconter de la même façon l'histoire du pays et des personnages qui l'ont construit petit à petit, au fil des ans, ne pourrions-nous pas obtenir le même intérêt, éveiller la même curiosité?

Seulement voilà, il y a les lieux, les dates, les noms à apprendre et à retenir.

Pour garder à l'Histoire toute sa saveur, il faudrait voir les personnages vivre sous nos yeux, les entendre parler, découvrir leurs sentiments et leurs émotions.

C'est ce que se propose la collection "Les Bâtisseurs". Les livres de cette collection ne sont pas des manuels scolaires. Les faits historiques y sont cependant respectés avec le plus d'exactitude possible. Les noms des personnages, leurs faits et gestes sont authentiques.

Certaines phrases attribuées aux personnages sont tirées directement de leurs oeuvres ou de leur correspondance. Nous n'avons pas jugé bon de mettre ces citations en italique ou entre guillemets afin de ne pas gêner la lecture du texte ni briser le rythme du récit.

Il arrivera que les événements soient relatés par le personnage lui-même. Une autre fois le conteur sera un témoin de l'époque.

Dans tous les cas, l'Histoire sera racontée simplement pour que l'enfant y trouve sa place et se demande peut-être: Où est-ce que je vais? Qu'est-ce que j'ai à bâtir?

F.M.

1

Les apprentissages

(1580-1595)

– Samuel! Samuel!

La voix était forte et portait loin. Elle alla pourtant se perdre à la surface de la mer, car je n'entendais rien. Assis sur le quai, je n'avais d'yeux et d'oreilles que pour le conteur et son récit:

"... la tempête faisait rage, racontait le matelot avec passion. Les vagues, hautes comme des maisons, menaçaient à tout moment de submerger le navire et de l'entraîner à sa perte. Des monstres de la mer frôlaient le vaisseau et lui imprimaient les secousses les plus sinistres. Et, c'est alors ... que j'entendis ... une voix qui chantait au milieu du fracas ..."

– Samuel!

Cette voix-là était réelle et nullement enchanteresse. Arraché à mon rêve, je sursautai, en même temps que je me sentis soulevé de terre par une poigne solide.

– Que se passe-t-il?

– Il y a que l'heure file, me répondit la femme en me secouant comme un vulgaire sac de farine. Le dîner sera bientôt servi et, une fois encore, vous serez en retard. Quand on a, comme vous, la tête dans les nuages, on devrait s'apercevoir que le soleil baisse.

Je levai les yeux et je dus bien reconnaître que le soleil, en effet, arrivait à la fin de sa course. Ce n'était pas la première fois qu'on m'envoyait quérir jusque sur les quais. Je pouvais facilement deviner ce qui allait suivre. Les jérémiades de dame Marguerite, ma mère, allaient tomber sur moi comme grêle et je savais, à l'avance, que je n'ouvrirais pas la bouche pour donner quelque raison à mon inexcusable retard.

L'attirance que j'éprouvais pour le port me semblait impossible à traduire avec des mots. Tout ce que je savais et répétais à qui voulait l'entendre, c'est qu'un jour je serais marin et explorateur. Je me l'étais juré. Un jour, moi, Samuel de Champlain, je sillonnerais les océans à la recherche de routes nouvelles et de terres inconnues. Mais, en attendant, ce soir-là, il ne s'agissait pas de voyages ou de rêves. C'est en courant que le futur capitaine que j'étais se dirigea vers la maison comme si le châtiment allait diminuer à la mesure de sa course.

Pourtant, ni les protestations de ma mère, ni les cris que j'attendais, n'étaient au rendez-vous. Antoine et Marguerite de Champlain étaient assis, silencieux, dans la grande salle. L'arrivée de leur fils couvert

de poussière, essoufflé et en sueurs, ne les fit pas broncher. Ils n'eurent pas un regard pour l'enfant prodigue.

La table était vide et la vaisselle rangée. Pas un mot ne fut prononcé. Je compris qu'il ne me restait plus qu'à m'en aller coucher sans manger. C'est donc le ventre creux, mais l'esprit tout occupé de terres mystérieuses et de pays lointains, que je sombrai dans un sommeil peuplé d'animaux étranges, de fleurs jamais vues et d'indigènes grands comme des tours.

Le lendemain matin, mon père m'avisait que le moment était venu pour moi de commencer un véritable apprentissage du métier de marin. Jusque-là, j'avais participé à quelques excursions en mer, mais maintenant, j'allais devenir un capitaine accompli, un bon et parfait navigateur.

À cette annonce, je faillis sauter de joie, mais la dignité que j'imaginais associée à mon nouvel état sut me retenir. Je me mis donc à l'ouvrage. J'étais né dans le plus beau des ports de mer de la France. Brouage, en Saintonge, était sûrement l'endroit rêvé pour s'initier au métier de capitaine de vaisseau. Le port de la cité était un rendez-vous pour tous les navires d'Europe qui venaient y faire provision de sel. En même temps que j'écoutais, fasciné et crédule, les histoires des matelots anglais ou néerlandais, j'apprenais les langues étrangères.

Je m'intéressai ensuite tout naturellement au secret des boussoles et à la lecture des cartes marines. En étudiant le maniement de l'astrolabe, j'appris à déterminer la longitude d'après le soleil. Il me fallut peu de temps pour être capable de parler en connaisseur des mesures et proportions des vaisseaux. Je m'exerçai aussi à la cartographie et au dessin, dans le but de pouvoir illustrer mes futures découvertes dans les moindres détails.

J'eus également l'occasion de me former au métier des armes, car la bonne ville de Brouage connaissait à cette époque des périodes mouvementées.

Je n'avais pas quinze ans quand, un jour de triste mémoire, les gens de La Rochelle, envieux de la richesse de Brouage, décidèrent de s'en prendre à son port. Ils coulèrent, juste en son entrée, de vieux rafiots remplis de pierres et de graviers, afin que le port ainsi bloqué fût fermé. Le plan fonctionna à merveille et ceux de Brouage eurent beau se démener, ils ne parvinrent jamais à le dégager complètement. Les batailles étaient d'ailleurs autant religieuses que commerciales et elles se succédaient presque sans arrêt. J'eus, à maintes reprises, l'occasion d'y prendre une part active.

Je suivis par la suite l'armée d'Henri IV en Bretagne et, pendant cinq ans, j'y servis mon roi comme maréchal des logis.

Ce n'est qu'à la fin de cette guerre, en mai 1598, que je pus enfin chercher un emploi comme navigateur. J'étais alors âgé d'une trentaine d'années et le capitaine Provençal, de son vrai nom Guillaume Hellaine, me vanta l'Espagne:

– Vous devriez, mon neveu, me dit-il, vous embarquer avec moi vers l'Espagne. Les Espagnols engagent sur leurs navires des marins étrangers. Vous auriez ainsi une chance de voguer vers les Antilles ou le Mexique . . .

– L'aventure me tente plus que je ne saurais dire.

– Alors, n'hésitez plus. Accompagnez-moi sur le *Saint-Julian* que je commande. Une fois en Espagne, vous déciderez de ce qu'il vous convient de faire.

Je m'embarquai donc et, deux ans après mon arrivée chez les Espagnols, parut un récit ayant pour titre "Brief discours des choses les plus remarquables que Samuel Champlain de Brouage a reconnues aux Indes Occidentales." Des cartes et de nombreux dessins accompagnaient le récit.

Ai-je vraiment fait ce voyage aux Antilles ou l'ai-je vécu à travers les récits des nombreux marins que je rencontrai en Espagne? Quoi qu'il en soit, l'enthousiasme que je ressentais pour l'exploration du Nouveau Monde était présent partout, tant dans les illustrations que dans le texte. J'étais convaincu que la France se devait, tout comme l'Espagne, de fonder dans ces régions une colonie forte et prospère. Je pensais, de plus, qu'on pourrait trouver par là la route de Chine, celle qui menait, je le croyais, à l'or et aux épices.

Le roi de France, tenté par la possibilité d'une telle découverte, fut charmé par le "Brief discours" que je lui envoyai.

Je vivais alors à la cour et recevais une pension de Sa Majesté. Cette situation me permettait de m'entretenir assez souvent avec Aymar de Chastes, gouverneur de Dieppe. Celui-ci, ami du roi, était fort attiré par l'idée de fonder en Nouvelle-France un établissement commercial.

– Ce pays, Monsieur de Champlain, me disait-il, peut offrir de merveilleuses ressources, si le roi m'accorde le monopole des fourrures. Ce privilège d'être le seul à faire le commerce des pelleteries est l'unique moyen de se procurer l'argent nécessaire pour explorer et coloniser.

– Monsieur de Chauvin a déjà possédé ce privilège de la traite . . .

– Mais sa compagnie a été dissoute et aucun établissement n'a pris forme. Les engagements pris de transporter des colons sont restés lettre morte. Avec un monopole accordé par le roi, je suis sûr qu'on pourrait bâtir une entreprise fructueuse en Amérique.

– Vous avez devant vous, Monsieur de Chastes, un disciple convaincu.

– Je pense pourtant, Monsieur de Champlain, ajouta Monsieur de Chastes en souriant, que vous rêvez davantage de découvertes que de commerce. Se pourrait-il que je me trompe?

– Non, Monsieur de Chastes, vous voyez juste. Je ne néglige pas l'aspect important qu'est le commerce, mais j'avoue que l'exploration me tient à coeur pardessus tout.

– L'important est que vous sachiez que la découverte n'est possible qu'avec les profits tirés de la traite des fourrures.

– Vous avez tout à fait raison.

– Pour l'heure, nous ne savons pas grand-chose de ce pays. Nous en sommes réduits à imaginer ce qu'il peut nous réserver de surprises.

– Et il en est ainsi depuis Jacques Cartier! Voici près de 70 ans que Cartier a planté sa croix à Gaspé et, malgré cela, la Nouvelle-France est encore un pays à peu près vierge.

– Les pêcheurs s'y rendent cependant . . .

– En effet, plus de deux ou trois cents bateaux français mettent à la voile chaque printemps. Ils y vont surtout pour la morue "verte" ainsi qu'on nomme le poisson salé. Les vaisseaux français ont reçu le surnom de "sardines de mer", à cause de la petite taille des navires.

– Mais c'est la traite, toujours, qui attire les aventuriers au Nouveau Monde.

– Elle est facile et on s'y enrichit facilement. En échange de perles de verre, de couteaux ou de haches, les Indiens fournissent renards, martres et castors revendus ensuite en Europe à prix d'or!

– C'est précisément là, Monsieur de Champlain, la raison qui m'incite à demander au roi ce monopole de la traite. Seul ce moyen, je le répète, nous permettra d'explorer le pays et de nous y installer. J'organiserai une expédition dont je compte bien que vous serez. Le roi vous en nommera volontiers le cartographe officiel. Je sais que ce récit de voyage aux Antilles l'a ravi et que la découverte d'une route plus courte vers l'Asie comblerait ses voeux.

– Pour ma part, rien ne me plairait tant que de m'embarquer pour la Nouvelle-France.

– Je pense, Monsieur de Champlain, que vous pouvez espérer faire ce voyage très bientôt.

2

Premier voyage en Nouvelle-France

(1603)

Aymar de Chastes avait vu juste. Le roi Henri IV lui accorda le monopole qu'il demandait. En échange, Monsieur de Chastes prenait pour lui l'obligation d'explorer ce nouveau pays de Canada dont le nom indien signifie "village".

Le commandement de l'expédition fut confié au sieur Pont-Gravé qui connaissait déjà le pays pour s'être rendu jusqu'aux Trois-Rivières. Je fus moi-même mandaté comme observateur et géographe.

Les trois navires composant l'expédition partirent de Honfleur au début du printemps 1603. Je fis le voyage à bord du vaisseau *Bonne Renommée,* commandé par le capitaine Timothée du Havre. Nous fûmes en vue de Tadoussac en mai. Tout de suite, la beauté du pays exerça sur moi un attrait qui dure encore aujourd'hui.

– Cette terre m'enchante, dis-je à Pont-Gravé, devenu vite un ami sûr et fidèle. Le pays semble dur mais non pas désolé.

– Si vous aimez la forêt! s'exclama-t-il. Elle est partout! Sapins, bouleaux, érables et chênes, le pays tout entier appartient aux arbres!

– Nous ne nous plaindrons pas que ce soit aussi le royaume des bêtes à fourrures.

– Il n'y a pas que le loup, le renard, la loutre ou l'ours qui aient ici leur demeure. Le cerf que l'on nomme ici wapiti y est également établi, ainsi que l'élan et le caribou. De plus, les rivières regorgent de poissons de toutes sortes.

– L'homme y a aussi sa place. Je suis peu au courant encore des affaires indiennes, mais ces indigènes me fascinent. Depuis plusieurs jours qu'ils fêtent et manifestent. Cette victoire qu'ils viennent de remporter sur leurs ennemis est-elle donc si importante?

– Pour eux, elle est capitale. L'Iroquois est leur ennemi quasi héréditaire. Nos amis de l'alliance huronne-algonquine leur disputent depuis au moins cinquante ans le chemin du Saint-Laurent, sans lequel la traite des fourrures devient difficile.

– Pourquoi nous être alliés à la famille huronne?

– Pour la bonne raison que ces tribus habitent les territoires de traite exploités par nos marchands. Ce sont ces tribus qui remplissent nos vaisseaux des plus belles fourrures. Par l'intermédiaire des Etchemins de la Baie française et des Montagnais de Tadoussac, de tribus en tribus, nos pacotilles remontent jusque chez les Hurons des Grands Lacs. Les fourrures descendent par la même voie.

– Les Iroquois n'ont-ils pas eux aussi des fourrures à échanger?

– Pour sûr. Mais la qualité est moindre. Ils habitent le sud-ouest du Saint-Laurent; or plus on remonte vers le nord et vers le froid, plus les fourrures sont belles.

– Les Iroquois disputent donc aux Hurons et aux Algonquins le contrôle du Saint-Laurent pour bénéficier eux aussi des marchandises européennes.

– Exactement. Et je crains fort qu'ils n'y réussissent. Ils sont moins nombreux que nos alliés mais plus astucieux et plus forts. Il est nécessaire d'appuyer l'alliance huronne-algonquine contre l'Iroquois si nous voulons garder ouverte la route du fleuve vers les fourrures.

– Les outils et les armes de métal que nous fournissons aux Hurons et aux Algonquins devraient leur donner un certain avantage.

– Sans doute, mais cette victoire qu'ils viennent de remporter aura-t-elle des effets durables? Je l'ignore. De toute façon, je leur ai promis l'assistance du roi de France. Je m'en tiendrai à cet engagement.

– Il me semblerait préférable de pacifier toutes ces tribus et de traiter avec les unes et les autres. La France dominerait ainsi le pays entier.

– Il faudrait pour cela plusieurs centaines d'hommes . . .

– . . . que nous n'avons pas, je le sais. Cela est fort regrettable.

– Consolez-vous, mon ami, dit le commandant Pont-Gravé. Naviguez plutôt sur ce fleuve magnifique, comme vous en rêviez déjà au départ de France.

– Vous avez raison, Pont-Gravé, point n'est besoin de s'assombrir quand l'avenir nous attend.

Je remontai donc le Saint-Laurent, plus loin qu'aucun Français depuis Jacques Cartier, jusqu'aux rapides de La Chine. Puis, cherchant un passage vers les Indes, je visitai les côtes de Gaspésie et la Baie des Chaleurs.

À l'automne, cependant, l'expédition dut rentrer en France où la triste nouvelle de la mort d'Aymar de Chastes m'attendait.

Le roi désigna Pierre du Guast, sieur de Monts, pour le remplacer et lui accorda à son tour le monopole de la traite des fourrures.

Monsieur de Monts s'empressa de rencontrer ce Samuel de Champlain dont on lui avait dit, paraît-il, le plus grand bien.

– Monsieur de Champlain, me dit-il, sitôt les salutations et les politesses terminées, j'ai besoin de vous.

Je projette une expédition vers l'Acadie. Je me suis dit que ce pays, situé plus au Sud, devait jouir d'un climat plus doux que celui de la vallée du Saint-Laurent. Cette région devrait donc être plus propice à l'établissement d'une colonie. J'aimerais que vous soyez de ce voyage et en rapportiez détails et cartes à votre manière.

– Votre projet me plaît fort, Monsieur de Monts et je serai heureux d'y participer. Peut-être trouverai-je en Acadie une route plus courte vers la Chine. D'autre part, la péninsule acadienne pourrait contenir des mines de cuivre. Je l'ai entendu dire. Si ce renseignement se révèle exact, nous pourrions nous mettre à l'exploitation minière.

– Tout ce qui peut rapporter quelque argent est de la plus grande importance pour le succès de l'entreprise. Le roi m'accorde le monopole parce que la France n'a pas les moyens de payer les frais d'une expédition officielle. Les coffres sont vides. On s'en remet donc à l'entreprise privée . . .

– . . . tandis que l'État, à son habitude, ne paiera qu'en bons voeux d'usage. Cet état de choses ne fait qu'inciter les marchands à négliger la colonisation au profit de leurs bénéfices immédiats.

– Vous avez raison, mais le monopole des fourrures, malgré ses défauts, est le seul moyen dont nous disposions maintenant pour explorer et coloniser.

Quand comptez-vous mettre à la voile?

– Si tout va bien, l'expédition devrait partir au prochain printemps.

3

L'Acadie

(1604-1607)

L'entreprise avait été préparée avec le plus grand soin. Les navires partirent du Havre au printemps 1604 pour se diriger vers l'inconnu car, ainsi que j'en fis la remarque en plaisantant, Monsieur de Monts ne connaissait de l'Acadie l'assiette ni la température que par l'imagination et la raison qui trouve que plus vers le Midi il y fait plus chaud!

Arrivé au Port-au-Mouton, je fouillai la péninsule acadienne et la Baie Française durant un mois à la recherche d'un lieu d'installation. Finalement, la décision fut prise d'implanter la colonie sur la petite île Sainte-Croix.

Cependant, cet hiver 1604-1605 fut terrible. Trente-six hommes y laissèrent leur vie. En juin, il fallut transporter les trente-trois qui restaient dans un endroit mieux protégé. On choisit pour cela un emplacement magnifique que j'avais repéré l'été précédent dans la Baie Française et que j'estimais pouvoir abriter 2,000 vaisseaux.

Ce lieu fut nommé Port-Royal.

Le reste de l'été me permit de continuer l'exploration et de dresser des cartes de l'Acadie jusqu'au Cap Cod.

L'hiver, encore une fois, interrompit les recherches. Je devrais attendre le printemps et les vaisseaux de France pour continuer l'exploration de la côte.

Mon idée était d'aller directement jusqu'au Cap Cod et de continuer à partir de là les découvertes. Le sieur de Poutrincourt, chargé de remplacer Monsieur de Monts à la conduite des recherches, s'y opposa. Nous refîmes donc tout le chemin déjà parcouru l'été précédent. Nous manquâmes ainsi de peu de nous rendre jusqu'à l'embouchure de la rivière Hudson et de son emplacement idéal(1). J'en reste encore tout dépité.

Mon désappointement s'accrut de nouveau quand, au printemps 1607, alors que nous avions déjà semé les jardins, Monsieur de Monts nous rappela en France. Son monopole lui était retiré.

L'un des compagnons, Marc L'Escarbot, historien et poète, exprima la déception de tous en écrivant une ode qui commençait ainsi:

Faut-il abandonner la beauté de ce lieu
Et dire à Port-Royal un éternel adieu?

---

(1) Cet emplacement est devenu le site de la ville de New York.

Il semblait bien que oui.

Je rencontrai en France Monsieur de Monts. Il venait de perdre avec le monopole énormément d'argent et autant d'espoir. Il était soucieux et lui, si calme à l'ordinaire, avait peine à contenir la colère et le dépit qui l'habitaient.

– Vous rendez-vous compte, Monsieur de Champlain, des conséquences tragiques de cette perte?

– Je ne réalise que trop l'ampleur du désastre, soyez-en assuré, Monsieur de Monts.

– Car, enfin, si on m'enlève le monopole, où prendrais-je l'argent pour explorer et coloniser les terres nouvelles?

– Je n'en sais rien, vraiment. Tout comme vous, je suis d'avis que seule la traite peut assurer les profits nécessaires à l'exploration. Il faudrait que le monopole soit accordé d'une façon ferme et pour une longue période. Autrement, rien n'est possible.

– Sans le monopole, Monsieur de Chastes n'aurait jamais pu organiser ce voyage auquel vous avez participé.

– Sans le monopole, je n'aurais pu faire non plus celui que vous avez préparé vous-même sur les côtes de l'Acadie.

– Oui, soupira Monsieur de Monts, j'espérais trouver là un climat plus doux. Un emplacement directement accessible par la mer aurait facilité le commerce et la défense.

– L'hiver passé à l'île Sainte-Croix était tout le contraire d'une saison douce!

– Cet hiver canadien! C'est une véritable horreur. Il n'est que suite de privations et de maladies, tel ce terrible "mal de terre" . . .

– Quand le scorbut commence à sévir c'est comme si la mort elle-même faisait son apparition. Les jambes des malades enflent, leur bouche devient pourrie, les dents tombent des gencives infectées . . .

– Jacques Cartier avait, en son temps, parlé d'un remède, il me semble.

– Oui, mais nous n'avons jamais retrouvé "l'annedda",* hélas! La seule action possible contre ce fléau est de s'alimenter sainement et de fuir la morosité.

– De là cette idée de l'Ordre du Bon Temps que vous avez imaginé l'hiver dernier à Port-Royal?

– Oui. Idée toute simple, d'ailleurs. Il s'agissait seulement que chacun des compagnons chasse à son

*Annedda: il semble que ce remède venait d'un arbre qui ne serait autre que le cèdre blanc.

tour pour alimenter la table du souper. Chacun voulait faire mieux que le précédent avec pour résultat que nous mangions comme des princes. Il n'était pas rare que nous invitions même quelque Sagamo à partager le festin.

– Les chefs indiens étaient donc parfois de vos soupers?

– Ils venaient chez nous comme au spectacle!

– Et cet Ordre?

– Le soir, celui des nôtres qui avait chassé durant le jour devenait maître d'hôtel. Il s'avançait, la serviette sur l'épaule, le bâton d'office à la main et le collier de l'Ordre au cou. Tous ceux de l'Ordre venaient après lui, chacun portant son plat. La soirée terminée, le maître d'hôtel remettait le collier de l'Ordre à celui qui prenait la charge pour le lendemain et tous deux buvaient un verre de vin pour finir. Ce fut un hiver bien joyeux que cet hiver-là! . . . Puis, en mai, nous avons reçu votre message de revenir en France.

– Ce qui nous ramène à nos moutons, soupira encore une fois Monsieur de Monts, la perte du monopole! . . . Une colonie ne se peut bâtir de l'air du temps. Et, même si j'arrive à obtenir du roi qu'il m'accorde à nouveau le monopole des fourrures, il me restera encore à convaincre les marchands qui soutiennent ma Compagnie de se rendre à vos vues. Un établissement à Québec! Voilà bien le dernier de leurs soucis!

– Pourtant, c'est bien là que nous devons nous établir, dis-je avec force. Québec offre une situation plus facile à protéger que la côte d'Acadie. En langue indienne, Kébec signifie "rétrécissement". De fait, à cet endroit, le Saint-Laurent devient beaucoup moins large et l'observation d'une rive à l'autre est possible, ce qui simplifiera la défense du poste que nous établirons. De plus, un fort à cet endroit coupera la route aux Iroquois. Nos alliés, délivrés de leurs ennemis, pousseront la chasse plus loin et rapporteront des fourrures de qualité supérieure pour la traite. Et ce n'est pas tout, imaginez qu'une route soit trouvée par là pour atteindre l'Asie, Québec deviendrait alors d'une importance capitale; c'est là que les autres nations paieraient à la France les droits de douane pour atteindre l'Orient!

– Tout cela est bel et bon, mon ami, et je partage votre enthousiasme, mais l'établissement de colons ne sourit guère aux marchands. Ils veulent que l'argent qu'ils investissent dans la Compagnie rapporte. Or, les fourrures leur profitent, pas les colons.

– Mais ils ne paieront pour les colons que le temps nécessaire à leur installation, deux ou trois ans, tout au plus. Hé, bon Dieu! ils devraient bien réfléchir que l'établissement d'une colonie rendra la traite meilleure . . .

– Allez donc les persuader de cela!

– Évidemment, cela n'est guère facile.

– Quoi qu'il en soit, je continuerai mes démarches auprès du roi pour retrouver le monopole, conclut Monsieur de Monts.

– C'est, en effet, la première action à entreprendre.

– J'avoue toutefois ne pas avoir beaucoup d'espoir . . .

Monsieur de Monts avait pourtant tort de désespérer, car le monopole lui fut renouvelé pour une année encore. Ce n'était pas beaucoup, mais il lui fallut bien s'en contenter. Après avoir fondé une nouvelle compagnie avec ses associés de Rouen, il me nomma son lieutenant en Nouvelle-France.

4

La fondation de Québec

(1608)

Je me souviendrai toujours du 3 juillet de l'année 1608. Ce jour qui vit naître Québec est resté à jamais gravé en ma mémoire et en mon coeur.

Debout à l'avant de la barque qui, tranquillement, se rapprochait du rivage, j'admirais le lieu que j'avais choisi. L'endroit était bien à la hauteur des projets que j'avais pour lui. Le promontoire dominant la mer m'accueillait. J'imaginais déjà, à ses pieds, le port où mouilleraient de nombreux vaisseaux.

Il n'est pas de lieu plus commode ni de mieux situé que la pointe de Québec.

J'étais parti de Honfleur le 13 avril sur le *Don de Dieu,* commandé par le capitaine Couillard. Arrivé à Tadoussac en juin, j'avais pris plus d'un mois pour préparer cette barque dans laquelle je me trouvais. L'embarcation contenait tous les matériaux nécessaires aux constructions.

Québec devenait réalité, l'aventure pouvait commencer.

Sitôt débarqué, je ne perdis pas une seconde. J'avais une trentaine d'hommes sous mes ordres. Je les mis aussitôt à l'ouvrage. Il fallait abattre des arbres pour dégager un carré d'espace, creuser une cave, des fossés, en premier lieu bâtir un magasin pour protéger les vivres et les marchandises de traite. Ensuite, on pourrait construire les logements à l'abri de la palissade.

Le résultat de tous ces travaux me donna satisfaction. Notre logement était de trois corps de logis à deux étages. Chacun contenait trois toises* de long et deux et demie de large, avec une belle cave de six pieds de haut. Tout autour de nos logements, je fis faire une galerie par dehors au second étage.

Pour défendre le poste un tant soit peu, en plus des fossés, je fis faire plusieurs pointes d'éperons qui enfermaient une partie des logements, là où nous avions mis nos pièces de canon.

Devant le bâtiment, une place donnait sur le bord de la rivière. Tout autour des logements, je tins encore à faire des jardins dont la terre était très bonne. L'ensemble se complétait d'une autre place de belle grandeur située du côté du nord.

*Toise: ancienne mesure française valant 1,949 mètres.

L'Abitation servait, en fait, de comptoir, d'entrepôt pour les marchandises de traite. Les échanges avec les Indiens se faisaient toujours à Tadoussac. Québec n'avait rien encore d'une place forte.

Pourtant, les Basques et les Espagnols, déjà installés au pays, regardaient d'un mauvais oeil l'érection du poste. Ces étrangers craignaient que les Français ne l'emportent sur eux auprès des Sauvages, grâce à cet établissement si bien situé.

Quelques-uns d'entre eux s'assurèrent de la complicité de quatre de mes hommes et préparèrent un complot pour se débarrasser du chef encombrant que j'étais devenu.

La conjuration fut dirigée par un serrurier du nom de Duval. Il avait réussi à amener à ses vues d'autres artisans comme lui ainsi que mon propre laquais.

– Le plan est simple, leur avait-il dit. Nous prendrons Monsieur de Champlain par surprise en donnant une fausse alerte. Dès qu'il sortira de son logement, il sera aisé de tirer sur lui. Dans quatre jours, exécution. Celui qui parlera de ceci à quiconque peut, dès à présent, préparer son testament.

Cependant, une barque arriva de Tadoussac avant la date fatidique et un des conspirateurs, un autre serrurier nommé Natel, trahit ses complices. Rongé par le remords, il raconta toute l'affaire au pilote.

Informé à mon tour par celui-ci, je répondis à la

ruse par la ruse. Je réussis à capturer les quatre principaux conspirateurs en leur faisant offrir du vin, la nuit, par un homme à moi. Les quatre hommes, surpris dans une barque à boire le vin, furent garrottés et emprisonnés. Il fut entendu qu'une fois la traite terminée, ils seraient jugés publiquement à Québec.

Jean Duval fut tout de suite accusé par les trois autres d'être le plus coupable car, disaient-ils, "il est le premier qui nous a induits à telle trahison dès que nous partîmes de France".

Ne trouvant appui auprès de quiconque, Duval s'inclina:

– Je mérite la mort, il est vrai, admit-il, mais, commandant, je vous en prie, ayez pitié de moi et de mes compagnons.

– Pour raison d'État, lui répondis-je, vous êtes condamné à être pendu et étranglé. Votre tête, au bout d'une pique, sera mise en vue à l'endroit le plus élevé du Fort. Cela servira d'exemple à ceux qui restent. Ainsi, Basques et Espagnols verront à qui ils ont affaire. Quant aux trois autres scélérats, ils seront renvoyés à Monsieur de Monts pour être jugés.

Ainsi fut fait. J'avais pour moi le pouvoir absolu sur tous et j'aurais pu faire exécuter les quatre hommes sur-le-champ. J'en décidai autrement et cette preuve de tolérance sans faiblesse me valut le respect de tous.

J'avais eu l'intention d'explorer tout de suite le pays mais cet incident me contraignit à demeurer sur place. J'en profitai pour étudier les Indiens et m'enquérir de leurs coutumes. Je recherchais déjà les moyens de faire des indigènes des alliés loyaux pour la France.

Le 1er octobre de cette année-là, on sema le blé à Québec et le 24, la vigne, pour bien montrer que l'établissement serait durable.

Je comptais installer des jardins au printemps, mais il fallut d'abord affronter l'hiver. Il s'installa comme toujours en ce pays avec son cortège de malheurs et de calamités. Le froid est sans doute en Nouvelle-France le pire ennemi de l'homme. Cette année-là, en 1608, il fut particulièrement terrible. Les compagnons mouraient pour ainsi dire comme des mouches.

J'aurais voulu que l'on mange des viandes fraîches et du bon pain, mais les vivres étaient rares. Nous attendions le printemps comme un sauveteur.

Le goût de l'exploration ne m'avait pourtant point quitté. Dès que l'hiver desserra un peu son étreinte, je m'engageai en pays indien.

Cela étonna Monsieur de Monts que je retrouvai en France à l'automne. Je devais lui faire rapport et nous nous retrouvâmes à Fontainebleau, près de Paris.

– Et cet hiver, Monsieur de Champlain, s'informa-t-il, toujours aussi abominable?

– Dix hommes ont péri du scorbut, cinq de dysenterie*. Sur les vingt-huit que nous étions, après les froids nous n'étions plus que huit. C'est tout vous dire!

– Pourtant, dès le printemps revenu, vous avez vite oublié vos misères. Vous avez tenu quand même à vous rendre avec les Hurons porter la guerre chez l'Iroquois!

– Ce n'est pas que j'aie un penchant particulier pour la bataille, au contraire. Mais j'avais promis à mes Indiens de les accompagner et puis j'avais trop le désir de connaître ce pays.

– Enfin, ce fut une réussite . . . cela compte!

– Je sais que mon attitude vis-à-vis des indigènes en étonne plus d'un. Je ne veux pas traiter nos Indiens en esclaves ainsi que le font les Espagnols dans leurs colonies. Je mise sur les échanges possibles entre nos deux peuples. J'ai espoir, en aidant les Indiens dans leurs guerres, qu'ils s'attachent à nous et nous traitent en amis. J'ai besoin d'eux pour me guider vers l'Ouest.

– Vous ne songez qu'à la découverte, fit Monsieur de Monts, en souriant. Vous avez déjà trouvé ce lac immense en faisant cet été votre guerre à l'Iroquois. Le lac Champlain, en vérité, cela sonne assez bien!

---

*Dysenterie: maladie provoquant une diarrhée douloureuse et sanglante.

– La rivière des Iroquois[1] s'y jette. C'est elle que nous suivions à la recherche de l'ennemi. Contrairement aux prévisions, la marche était difficile et une partie des Indiens abandonna à un moment donné. Les autres voulurent ensuite en faire autant, mais j'étais bien résolu moi-même à continuer. L'armée d'attaque contre l'Iroquois ne comptait plus que soixante hommes et vingt-quatre canots, mais nous approchions de plus en plus de l'ennemi. Aussi me suis-je embarqué dans un canot indien avec seulement deux volontaires français, car les autres "saignaient du nez!"

– Vous voulez dire qu'ils avaient la frousse?

– Exactement. Peu de temps après, nous avons rencontré les Iroquois. Ils avaient entouré leur village d'une palissade. Les Hurons, après avoir consulté leur sorcier sur l'issue de la bataille, envoient deux canots demander à l'ennemi s'il veut combattre. Comme c'est la nuit, les Iroquois répondent qu'il vaut mieux attendre le jour pour distinguer les amis des ennemis. Alors les deux camps dansèrent en mêlant à leurs chants des injures et des menaces.

– Le combat eut donc lieu au matin?

– Oui et la victoire fut facile. La bataille indienne se fait au milieu des cris et des hurlements avec les flèches qui pleuvent de partout. Mes alliés m'ont conseillé de tirer sur les chefs iroquois qui portent sur la

(1) Le Richelieu.

tête des plumes beaucoup plus longues que celles de leurs compagnons. D'un coup d'arquebuse, j'en ai fait tomber deux.

– Un joli coup!

– Un coup chanceux. Un autre compagnon, caché dans les bois, tirait en même temps que moi. Les Iroquois ont eu si peur qu'ils se sont enfuis. Cette défaite les incitera, je l'espère, à rechercher la paix.

– Ce voyage chez les Iroquois vous a permis de vous faire une meilleure idée du territoire et de ses possibilités.

– Le pays, Monsieur de Monts, vaut la peine qu'on s'en occupe. Ses richesses sont étonnantes.

– Oui, je sais. Je sais tout cela mais . . . mon monopole pour la traite est à nouveau terminé. Que pouvons-nous faire?

– Notre rencontre prochaine avec le roi peut tout changer.

– Je ne sais. De nombreux marchands veulent que la traite soit libre pour pouvoir s'enrichir au plus vite, tout en n'étant pas tenus de transporter des colons dans le but de les établir. Le duc de Sully les écoute et prend leur parti devant le roi. C'est un ministre important, son avis risque de l'emporter sur le nôtre auprès de Sa Majesté.

frère que j'avais connu en Acadie avait pour moi une sympathie que je lui rendais bien. Il me faisait grand plaisir d'entrer dans cette famille.

Quant à Hélène, ma fiancée, elle n'avait que douze ans alors que j'en portais plus de quarante. J'avais pour elle beaucoup d'affection et me jurais de lui être fidèlement attaché.

Monsieur de Monts me félicita et me souhaita la meilleure chance du monde.

5

Les voyages se poursuivent

(1610-1615)

C'est par un jour froid du début de l'hiver, le 30 décembre 1610, à Paris, que fut célébrée l'union d'Hélène Boulé, fille de Nicolas Boulé, secrétaire à la chambre du roi, avec le sieur Samuel de Champlain, géographe et explorateur.

La mariée était toutefois si jeune qu'il fut entendu qu'elle demeurerait deux ans encore chez ses parents.

Je n'avais pas, quant à moi, le loisir de m'attarder. Je laissai presque aussitôt ma jeune épouse à Paris et, en compagnie de Savignon, je m'embarquai à Honfleur le 1er mars suivant.

L'Indien était heureux de retourner vers sa patrie, mais ce voyage lui semblait un peu précipité.

– Pourquoi tant se presser? me demanda-t-il.

– Je commande cette fois le navire de Monsieur de Monts. Je tiens à devancer tous ces marchands rapaces qui veulent me suivre. Ils pensent qu'ils reviendront de cette expédition riches comme d'un voyage aux Indes. Je ne veux pas leur servir de guide et leur ouvrir le chemin.

– Pourtant, si tôt dans la saison, il est à craindre que la navigation soit difficile.

– C'est un risque à courir. J'espère, en arrivant si vite à Tadoussac, devancer mes concurrents pour la traite des fourrures. Nous n'avons plus de monopole. Nous devons jouer serré!

Le voyage fut rude et pénible. Les glaces étaient un danger continuel et le vaisseau fut bien près, à un certain moment, de devenir le prisonnier de la banquise.

La traversée dura deux mois et demi. Ce n'est que le 13 mai que Tadoussac fut en vue.

À ma grande surprise cependant, les Indiens n'étaient pas pressés de commercer. Ils avaient décidé d'attendre que les navires soient plus nombreux pour commencer la traite. Ne pouvant rien y faire, je ris de la chose avec Savignon.

– Est bien trompé qui croyait tromper! plaisantai-je. Les gens de ton peuple, Savignon, sont trop fins et trop subtils! Ils ont compris qu'ils obtiendraient les meilleurs prix pour leurs fourrures quand les clients seraient en plus grand nombre.

– Mes frères ont l'esprit vif et pénétrant, répondit Savignon. Resterons-nous à Tadoussac?

– Quelques jours seulement. J'ai rendez-vous aux rapides de La Chine avec d'autres des tiens. Peut-être y aurons-nous plus de chance.

Le 28 mai, nous étions aux Rapides mais une déception nous y attendait. Là encore, personne! Les Indiens n'étaient pas arrivés.

– Morbleu! me désolai-je. Le destin ne nous sourit guère. Pas de traite à Tadoussac! En passant à Québec, les Algonquins remettent à l'an prochain leur promesse de me conduire sur le Saint-Maurice! Et voilà qu'ici encore, nous faisons chou blanc! Eh bien, nous en profiterons pour choisir dans cette région un lieu où construire une nouvelle Abitation.

– Je connais bien la côte et je peux te guider, me proposa Savignon.

J'explorai donc la côte en sa compagnie jusqu'au lac de Soissons(1) et je finis par découvrir un endroit que je jugeai idéal.

– Cette plaine, dis-je à l'Indien, me semble convenir exactement à mon projet. Les prairies sont belles et nous pourrons y élever le bétail. Les bois sont magnifiques. Le gibier et le poisson ne manquent pas.

(1) Lac des Deux-Montagnes.

– Il y avait ici, autrefois, un village iroquois. Les maisons ont disparu mais les terres sont encore déboisées à certains endroits.

– Je nommerai cet endroit “Place Royale”(1). Un comptoir à cet endroit sera fort commode. Québec n’est pas suffisamment à l’ouest pour intimider l’Iroquois. Un fort installé ici, au point de rencontre du Saint-Laurent, de la rivière Ottawa et de celle des Iroquois, assurera la liberté de passage sur les chemins d’eaux. Ceci est essentiel pour le commerce.

– Il y a aussi cette petite île, en face . . .

– Nous l’appellerons “Sainte-Hélène”, en l’honneur de mon épouse. Là aussi, nous pourrons construire un fort.

En attendant les Indiens qui tardaient, je vérifiai la fertilité du sol de Place Royale en y faisant faire des jardins.

Puis enfin, le 13 juin, deux cents Hurons arrivèrent aux rapides pour la traite. Pont-Gravé s’y trouvait ainsi que plusieurs autres marchands. Ces trafiquants n’étaient là que pour le commerce et le gain. Il n’entrait pas dans leurs projets d’aider les Indiens. Ceux-ci, pour leur part, craignaient la présence de tant d’inconnus. Ils se tournaient vers moi en qui ils avaient confiance. Comme ils m’offraient cent peaux de castor en gage d’amitié, je leur répondis:

(1) Montréal.

– Vous avez raison de faire confiance à la France. Elle vous défendra contre vos ennemis. Vous me guiderez vers l'Ouest pour trouver la source de la Grande Rivière. En échange, je demanderai à mon roi, celui que vous nommez le Grand Sagamo Blanc, de me donner de 40 à 50 hommes d'armes pour vous assister dans vos guerres.

– Est-ce que le Grand Sagamo Blanc t'écoute?

– Sa Majesté, le roi de France, est plein d'intérêt pour vos peuples. De plus, quand nous irons vers l'Ouest, je bâtirai des habitations fortifiées au fur et à mesure de notre avance dans le pays. Cela assurera la paix.

Malgré les rivalités entre marchands qu'avaient pu remarquer les Indiens, je tenais à donner de la France une image d'unité et d'efficacité.

Les Indiens ne virent dans ce discours que je leur fis que la possibilité pour eux de dominer l'Iroquois. Ils en furent enchantés.

– Nous croyons en toi, répondirent-ils. Nous t'attendrons. Mais, s'il te plaît, emmène moins de Français avec toi aux séances de troc. Les échanges en seront plus faciles.

Je laissai aux Indiens un jeune Français pour qu'il vive avec eux et apprenne leur langue. Puis, je retournai en France afin d'obtenir ce que j'avais promis de bonne foi à mes amis indigènes.

Cependant, je ne réussis ni auprès du roi ni auprès de la Compagnie. Mes demandes de soldats ne trouvèrent que refus ou mauvaises excuses.

De plus, Monsieur de Monts avait perdu tout espoir de monopole pour les fourrures. Je refusais pourtant de m'avouer vaincu.

– Je suis convaincu, assurai-je à nouveau à Monsieur de Monts, que les découvertes restent possibles. Il suffit de traiter convenablement les Indiens et de recouvrer le monopole des pelleteries.

– Malheureusement, mes associés ne sont pas de cet avis. Je dois continuer seul ou abandonner.

– Que faire alors?

– Voici ce que je propose. J'entretiendrai seul le poste de Québec, car vous m'avez communiqué votre confiance en l'avenir de la Nouvelle-France. Vous devrez cependant trouver ailleurs de quoi maintenir le reste de la colonie. Je ne peux financer, en plus du poste, les voyages de découvertes.

– Votre offre est généreuse, Monsieur de Monts, et je vous en remercie. Mais les voyages d'exploration coûtent cher. Il ne sera pas facile de trouver les moyens financiers pour les soutenir.

– Je vous fais confiance, mon ami, vous trouverez.

– Seule une société solide pourrait relever un tel

défi! L'entreprise est trop lourde à supporter pour un seul homme. Et il y a toujours le problème du monopole à obtenir. Sans lui, il ne faut plus rêver.

– Un des "grands" de l'entourage du roi pourrait vous être fort utile. Une protection à la cour serait, je crois, un gage de réussite.

– L'idée me semble excellente. Je tenterai de la mettre à profit.

Je parvins à intéresser à ma cause Charles de Bourbon. Celui-ci devint lieutenant-général de la Nouvelle-France après avoir obtenu du roi le monopole de la traite des fourrures pour une durée de douze ans.

Le 15 octobre 1612, il me nomma son lieutenant dans la colonie. Cependant, deux semaines plus tard, la maladie l'emportait et tout était à recommencer.

C'est alors Henri de Bourbon, prince de Condé, qui devint vice-roi de la Nouvelle-France. Il accepta cette charge avec le titre, mais il me fit clairement comprendre que les écus comptaient bien davantage pour lui que les découvertes. Contre mille écus qu'on lui verserait chaque année, le prince s'engageait à payer l'établissement de six familles par an dans la colonie.

Fort de cette protection, je pus repartir vers mon pays d'adoption où les Indiens m'attendaient pour me conduire à la mer du Nord.

Malheureusement, j'arrivai tard dans la saison et les

Algonquins déçus ne m'avaient pas attendu. D'autre part, l'interprète Nicolas de Vigneau m'assurait avoir vu cette mer. Résolu, je m'engageai sur la piste des Algonquins qui, du moins je l'espérais, me conduiraient jusqu'à cette mer si convoitée. C'est avec quatre hommes et quelques Indiens que je m'élançai sur leurs traces. Nous rejoignîmes finalement Tessouat, le chef algonquin, au lac des Algonquins.(1) Le chef ne me cacha pas sa surprise.

– Je te croyais mort, me dit-il, mais je vois que tu tiens tes promesses puisque te voilà. La route est difficile pour venir jusqu'ici. J'ai peine à croire qu'un homme blanc y soit parvenu. À moins que tu ne sois descendu des nuages . . .

– J'exécute ce que mon esprit a décidé, lui répondis-je. Mais tu as raison, Tessouat, la route pour venir à toi est semée d'embûches. En suivant la rivière des Algonquins(2), nous avons passé partie par terre et partie par eau un sault difficile(3). Nous avons dû porter sur nos épaules les canots et toutes les provisions. Non, ce ne fut pas une petite peine!

– Tu as traversé ensuite les lacs . . .

(1) Lac Allumette.
(2) L'Outaouais.
(3) Le Sault-Saint-Louis.

– Oui, celui que je nomme le lac Saint-Louis, puis celui de Soissons(1). Il nous a fallu ensuite passer d'autres rapides dont ceux du Quenechouan(2) où je faillis bien perdre la vie. Une chance extraordinaire me fit tomber entre deux rochers et m'évita d'être entraîné avec le canot renversé.

– Il est moins terrible de perdre un canot que de perdre la vie, et tu as prouvé ton courage, dit Tessouat.

– J'ai toutefois perdu avec le canot mon astrolabe. Cela me chagrine plus que je ne saurais dire.

Le chef algonquin m'invita alors à partager son repas. Assis par terre, nous nous installâmes donc pour faire tabagie* avec Tessouat et les siens.

Les Indiens écrasent le maïs entre deux pierres et, avec cette base, fabriquent une bouillie que l'on nomme "sagamite". Je refusai cette nourriture, car je trouvais qu'ils cuisinaient bien mal. Ils avaient aussi de la chair qu'ils rôtissent sur des charbons et du poisson bouilli à part.

Je demandai quelques morceaux de chair et de poisson que j'apprêtai à ma manière. On nous servit pour boire de la belle eau claire, et cela était bien suffisant pour moi. Le repas terminé, nous pétunions** en silence quand Tessouat reprit la parole.

(1) Le lac des Deux-Montagnes.
(2) Le Long-Sault.
*Tabagie: le repas et la fumerie qui le suit.
**Pétuner: fumer.

– L'important est que tu sois maintenant ici, dit Tessouat. Je suis heureux de voir que tu fus bien conduit.

– Mes gens s'inquiétaient de savoir si cela finirait, mais j'ai suivi les conseils de mes guides indiens. J'ai pris la route qu'ils m'indiquaient. Nous avons suivi la rivière Ottawa vers la Grande Chute(1), la rivière de la Petite Nation, la rivière qui vient du Nord(2), puis celle qui vient du Sud(3). Cependant, à l'approche du lac des Chats, une querelle s'est élevée entre les Indiens et mon interprète. De Vigneau conseillait de suivre la rivière Ottawa jusqu'ici. Les Indiens étaient d'avis de suivre une route plus courte et plus directe. J'ai suivi leur conseil.

– Tu fus bien inspiré car la première route, celle que te conseillait ton garçon, est très dangereuse. Comment a-t-il pu te recommander ce chemin? Ne dit-il pas connaître le pays?

– Il m'a assuré avoir vu la mer du Nord et c'est ce qui m'a amené jusqu'à toi. Je compte bien que tu m'y conduiras ainsi que tu me l'as déjà promis.

– Comment? Mais cela n'est pas possible! Pour aller vers cette mer il faut traverser le pays des Nipissings qui sont guerriers lâches et cruels. Le garçon qui dit avoir vu la mer est un menteur! J'ai dit.

---

(1) La chute à Blondeau.
(2) La rivière Gatineau.
(3) La rivière Rideau.

– Pourtant il prétend, avec force détails à l'appui, avoir vu aussi sur la plage un navire anglais qui s'y était échoué.

– Le garçon a hiverné avec mon peuple tout l'hiver. Il n'en a pas bougé. Il te trompe.

Qui croire? L'interprète? Les Indiens? Ceux-ci n'avaient jamais trompé ma confiance. J'interrogeai à nouveau Nicolas de Vigneau.

– Je veux connaître la vérité. Les Indiens assurent que tu mens. Ils affirment que tu ne peux avoir vu la mer. Ils te traitent d'imposteur. Qu'as-tu à répondre?

De Vigneau s'entêta et ce n'est que lorsque Tessouat dit qu'il enverrait un canot aux Nabiserinis pour le confondre en témoignant contre lui que le drôle s'écroula enfin et avoua son mensonge.

– C'est vrai. J'ai menti. Je n'ai rien vu. J'ai inventé cette mer pour revenir au Canada et recevoir une récompense.

– Voilà donc pourquoi tu voulais me décourager en m'indiquant un chemin difficile!

– Je ne pensais pas qu'on se mettrait vraiment en frais de chercher la mer . . .

– Hors de ma vue, misérable! Je te récompenserai en effet pour cet acte inqualifiable par un procès que tu subiras aux rapides de La Chine. Impudent menteur! Infect ver de terre!

Il ne me restait plus qu'à m'en retourner. C'est le coeur encore plein de colère contre mon interprète que je fis mes adieux à Tessouat.

– Tout ce voyage long et difficile fait en pure perte! . . .

– Je compte bien pourtant que tu reviendras, me dit le chef algonquin, pour nous aider dans notre guerre ainsi que tu nous l'as promis.

– Sois assuré que je reviendrai. Tu sais ce que vaut ma parole.

– Mon peuple et moi avons confiance en toi. Nous t'attendrons.

Je retournai alors en France où je devais signer avec le prince de Condé un contrat de onze ans pour veiller aux intérêts de la colonie.

Le prince me reçut avec bienveillance, mais je m'aperçus bien vite que je ne parviendrais pas à faire partager mon enthousiasme à ce noble, préoccupé de dividendes. C'est donc l'aspect commercial de l'entreprise que je fis ressortir.

– Cette entente, Monseigneur, lui dis-je, devrait

être satisfaisante pour tous. Plusieurs marchands, ceux de Rouen et ceux de Saint-Malo, formeront une société . . .

– . . . oui, je sais.

– Cette société, dont Monsieur de Monts demeurera l'un des actionnaires, aura tous les bénéfices tirés du monopole de la traite. Elle vous versera chaque année les mille écus d'or que vous demandiez.

– C'est entendu. En échange, je paierai, tel que convenu, l'établissement de six familles de colons par an en Nouvelle-France. Quant à vous, Monsieur de Champlain, vous disposerez de quatre hommes de chaque vaisseau trafiquant sur le Saint-Laurent. Vous les emploierez comme vous le jugerez bon.

– Ils me serviront pour la guerre, les explorations et les divers travaux qu'exige l'entretien du poste de Québec . . .

– Je vous laisse carte blanche, Monsieur de Champlain, m'interrompit le prince, c'est vous qui êtes mon lieutenant en Nouvelle-France. Je vous laisse le soin de toutes ces besognes qui m'importunent plus qu'elles ne m'intéressent.

6

Un hiver en Huronie

(1616-1617)

Le roi approuva les ententes conclues avec le prince de Condé et je pus revenir en Nouvelle-France au printemps. J'emmenais avec moi quatre religieux Récollets dont la colonie avait besoin.

Je m'arrêtai à peine à Québec afin d'être au plus tôt aux rapides de La Chine. L'accueil y fut chaleureux. Les Sauvages exprimaient leur joie de me retrouver par les cris les plus divers et des paroles de bienvenue.

– Nous avons besoin de toi, me redirent-ils. Les Iroquois cherchent à nous bloquer le chemin des Rapides. Il faut nous débarrasser d'eux. Nous aideras-tu comme tu nous l'as promis?

Pour me les attacher et obtenir d'eux qu'ils me guident vers l'Ouest, je m'engageai avec Pont-Gravé à participer à cette guerre que mes alliés indiens assuraient indispensable.

– Promettez-moi, dis-je aux Indiens, de fournir 2,500 hommes pour la guerre. De mon côté, j'entraînerai autant de Français qu'il me sera possible.

– Enseigneras-tu aussi à ceux de notre peuple comment combattre à ta manière?

– Oui, et ceci dès maintenant. Ensuite, je me rendrai à l'Abitation. Notre absence durera probablement trois ou quatre mois, je dois donner des ordres à mes gens afin qu'ils sachent ce qu'ils auront à faire en attendant mon retour.

– Seras-tu absent longtemps?

– Quelques jours seulement.

Je pris plaisir à enseigner aux Indiens quelques façons européennes de guerroyer, puis je partis pour l'Abitation. Mon séjour à Québec dura plus longtemps que prévu et je ne revins aux rapides que deux semaines plus tard.

Les Alliés, fâchés de ne pas me voir revenir, s'en étaient retournés chez eux me croyant mort ou prisonnier des Iroquois. Ils avaient avec eux douze Français.

Je décidai de les rejoindre. Pour ce faire je m'embarquai le 9 juillet avec mon domestique, Étienne Brûlé, et dix Indiens. Ayant remonté l'Ottawa vers le pays Huron, nous arrivâmes au lac Nipissing le 26 juillet.

En route j'avais fait la connaissance de différentes tribus dont certaines m'avaient semblé très pittoresques. J'en nommai une la tribu des "Cheveux relevés", car ces Indiens se coiffaient mieux encore que nos courtisans de Versailles.

J'offris des présents aux chefs qui me recevaient. J'interrogeai les Indiens, pris note de tout ce qui me semblait de quelque intérêt.

J'arrivai finalement sur les rives d'un lac immense rempli d'énormes poissons. Je le nommai "la mer douce"(1). Les Indiens le nomment lac des Attigouantans, car les guerriers du clan de l'Ours campent sur ses rives. Tout le long du chemin, les Indiens festoyaient en mon honneur. Ils me guidaient avec un plaisir évident.

Puis, ce fut Cahiagué(2), un village de deux cents cabanes, rendez-vous de l'armée alliée. La satisfaction que les Hurons de la place manifestèrent à me voir me remplit de joie.

– Sois le bienvenu, m'accueillirent-ils avec allégresse, nous ne pensions pas te revoir et, pour cette raison, nous avions remis à l'an prochain l'expédition contre l'Iroquois.

– Je vous avais pourtant promis de me joindre à vous. Aviez-vous donc perdu foi en ma parole?

(1) Le lac Huron.
(2) Cahiagué: en langue indienne signifie "le principal village".

– Nous n'aurions pas dû douter de toi, il est vrai. D'autre part, une nation amie nous annonce l'arrivée prochaine de cinq cents guerriers. Ta venue et cette nouvelle changent nos plans. Nous sommes tout disposés maintenant à faire la guerre à l'Iroquois.

– Tout est donc pour le mieux. Je n'aurais guère apprécié m'être dérangé encore une fois pour rien. Mettons-nous donc en route et sus à l'ennemi!

Après force banquets, danses et célébrations pour fêter à l'avance la victoire, les guerriers se mirent en route le 1er septembre pour le pays iroquois. Le 10 octobre, nous étions en vue de l'ennemi.

Le village iroquois bien fortifié était "enclos" de quatre bonnes palissades faites de grosses pièces de bois entrecroisés.

– Ces obstacles seront difficiles à franchir, fis-je remarquer aux Indiens.

– Que proposes-tu?

– Je suis d'avis qu'il nous faudrait construire une sorte de bouclier qui nous permettrait d'approcher des palissades à l'abri. Nous pourrons alors y mettre le feu sans aucun risque.

– Nous en ferons ainsi que tu le commandes.

La tactique ne fut pas mise si facilement à exécution. Après avoir correctement suivi les instructions et amené le bouclier près des palissades, les Indiens l'abandonnèrent bientôt et adieu la protection et la stratégie! Ils se mirent à crier et à tirer des flèches dans le fort, flèches qui ne faisaient évidemment de mal à personne. J'eus beau tenter de me faire entendre, je m'époumonai en vain. Le combat dura trois heures et ce fut la retraite.

Le lendemain, je voulus que l'on recommence l'assaut.

– Il faut attaquer à nouveau, dis-je à mes alliés, mais en bon ordre, cette fois.

– Tu as raison, répondirent-ils, mais attendons les renforts promis. Les cinq cents guerriers ne devraient plus tarder.

À ma grande déception, les cinq cents hommes ne vinrent jamais. Toute la troupe dut retourner vers la Huronie sans avoir repris le combat.

Malgré ma déconvenue et une blessure que je m'étais faite, je repris la route du retour avec mes alliés.

Le 23 décembre 1616, nous étions à Cahiagué.

Mais ce n'est qu'à la fin du mois de juin suivant que je pus raconter mon aventure à Pont-Gravé venu de France avec deux vaisseaux et qui désespérait de me revoir vivant.

– Je vous assure, mon ami, que vous m'avez fait une belle peur, s'écria-t-il dès qu'il m'aperçut. Morbleu! Je vous ai cru mort! Jamais je n'aurais pensé qu'il vous viendrait à l'idée d'hiverner en Huronie.

– L'idée n'était pas de moi, je puis vous l'assurer, Pont-Gravé. Après la bataille contre l'Iroquois, qui ne se termina pas par la victoire que j'escomptais, je me suis trouvé blessé à un genou et j'ai dû faire en panier le trajet du retour.

– En panier!

– Les Hurons ramènent leurs blessés du combat dans des paniers qu'ils tressent. Ils attachent les pauvres diables avec des cordes et les transportent sur leur dos comme des enfants au maillot.

– Cela doit être diablement pénible d'être ballotté ainsi au gré de la marche!

– C'est un véritable enfer, Pont-Gravé; la blessure elle-même n'est rien comparée à ce supplice. Leur façon de se retirer est cependant remarquable. Les vieillards et les blessés sont placés au centre et entourés de tous côtés par des hommes armés. Ils sont ainsi protégés jusqu'à ce qu'ils soient en sécurité. Enfin, libéré de mon "panier-prison" je voulus retourner à Québec, mais Darontal, un chef huron, s'excusa avec mille manières: "Il n'y a pas de canot libre. Passe l'hiver avec nous. Tu auras ma propre cabane avec des vivres et toutes les commodités." Il voulait surtout

que je reste par peur de la vengeance des Iroquois. Ma présence lui semblait une garantie de sécurité.

– Vous avec donc dû passer l'hiver chez les Sauvages!

– Je n'avais pas le choix et cela me permettait d'observer leurs coutumes.

– Je vous reconnais bien là! Cette curiosité que vous avez de tout ne sera-t-elle donc jamais en repos?

– Je souhaite qu'elle ne s'éteigne qu'avec moi!

– Avez-vous trouvé chez les Hurons quelques coutumes bizarres et dignes d'intérêt?

– Plusieurs, Pont-Gravé, plusieurs, les Indiens sont étonnants. On ne se lasse pas de les observer.

– Comme vous voilà enthousiaste! Racontez-moi, je vous prie, quelque fait de leur vie quotidienne, que je puisse partager votre engouement. Avez-vous fait la connaissance de plusieurs tribus?

– Ma blessure étant guérie, j'ai visité quelques tribus cabanées* dans le voisinage de Cahiagué. Tout en pétunant avec les Indiens je les écoutais et tentais par la suite de les amener à mes vues. De toutes parts ils accouraient pour nous voir en nous faisant mille démonstrations d'amitié. J'avais déjà rencontré la nation

*Cabaner: installer le logement.

des Cheveux relevés, une tribu algonquine, les Neutres et les Nipissings, quand j'appris qu'on me demandait d'urgence à Cahiagué.

– Que se passait-il donc?

– On me priait de servir d'arbitre dans une chicane qui dressait les uns contre les autres Hurons et Algonquins. Je m'y rendis donc avec six de mes gens et je passai deux jours à écouter leurs différentes versions des faits.

– Deux jours?

– Les Indiens adorent parler et leurs discours interminables sont pleins d'images et de symboles. Mon terprète avait fort à faire à me traduire tout ce qu'ils disaient. Je réussis cependant à régler le différend à la satisfaction de tous et, comme ils avaient promis de respecter ma sentence, ils se tinrent quittes et renoncèrent à la guerre.

– Ce qui, je l'imagine aisément, ne manqua pas de vous faire le plus grand plaisir.

– J'aime ces peuples véritablement, Pont-Gravé, et de plus, la paix entre les différentes nations indiennes nous profitera à nous autant qu'à eux.

– Vous avez raison, je le reconnais volontiers. Pourtant ces quatre mois passés chez eux ont dû vous paraître durs et longs. Leur vie, je le soupçonne, doit être misérable, comparée à la nôtre.

– Oui, pour nous qui avons connu mieux, leur sort n'est guère enviable. Eux, par contre, semblent tout à fait satisfaits de leur mode de vie. J'ai retrouvé chez les Hurons le même genre de maison que chez les Iroquois. C'est une maison qui abrite toute une famille de plusieurs générations. Elle est très longue, beaucoup plus longue que large. Une allée de douze pieds en occupe le centre.

– Que mangent-ils et comment s'habillent-ils?

– Ils se nourrissent surtout d'une bouillie un peu fade contenant du blé d'Inde, des fèves, du poisson ou quelque viande de gibier. Ils portent des peaux de bêtes auxquelles il leur arrive d'ajouter des bandes de poil de porc-épic qu'ils ont teintes en rouge.

– Ils ne manquent pas d'idées!

– Ils se peignent aussi le visage et se teignent les cheveux.

– Et les femmes, quelle est leur place dans la tribu?

– Importante. Elles s'occupent des soins de la maison et de la culture des champs. Elles sont pour la plupart agréables, de belles proportions et de belle taille. Les hommes, qui ne font que chasser, pêcher ou aller à la guerre, m'ont semblé beaucoup plus indolents que leurs femmes.

– Seraient-ils capables, d'après vous, d'apprendre nos coutumes européennes?

– Certaines de leurs habitudes me semblent devoir être changées, par exemple les relations entre hommes et femmes qui sont beaucoup plus légères que par chez nous. Par contre, d'autres coutumes me plaisent fort. Ainsi, chez eux, les affaires de la tribu se règlent au Conseil des Anciens par la pluralité des voix*. Beaucoup de leurs lois ne sont pas tellement différentes de celles des nations civilisées. Je crois qu'ils parviendraient à vivre comme nous si nous demeurions plus près d'eux et leur donnions l'exemple.

– Sont-ils tentés de nous imiter?

– Oui, je le crois. Quand je leur disais qu'il leur fallait connaître la vie civilisée et la vraie Foi, ils répondaient avec sagesse: "Tu dis des choses qui passent notre esprit et que nous ne pouvons comprendre par paroles. Nous apprendrions plus en un an à voir vivre les gens de ton pays, qu'en vingt ans à écouter tes discours."

– Jolie réponse et, comme vous le dites, pleine de sagesse.

– Ce qu'il faudrait c'est établir des villages français et amener les Indiens à s'installer près de ceux-ci. Je voudrais que Français et Indiens apprennent les uns des autres ce qu'il faut pour vivre en ce pays.

---

*Pluralité des voix: vote démocratique.

– Malheureusement, les marchands font tout ce qu'ils peuvent pour décourager la colonisation. Vous en aurez bientôt une idée en rentrant en France.

Mon ami cherchait-il à calmer mon ardeur? Pourquoi semblait-il si pessimiste quant à l'avenir de la colonie? Ses inquiétudes étaient-elles justifiées?

C'est en France que je trouverais réponse à ces questions.

7

Convaincre les marchands

(1617-1618)

Pont-Gravé n'avait rien exagéré. Une fois en France, je me rendis vite compte qu'il me faudrait plaider avec ardeur la cause de la colonie si je voulais obtenir ne serait-ce que sa survie.

Quand j'arrivai à Honfleur au milieu du mois de septembre, le prince de Condé était en prison. On l'avait remplacé par le maréchal Thémines. Les marchands en profitaient pour ne pas remplir leurs obligations envers les colons. Les associés trouvaient mille et un prétextes pour retarder l'envoi d'hommes en Nouvelle-France.

Malgré toutes les manigances, un apothicaire nommé Louis Hébert s'embarqua avec moi au printemps 1617. Il avait l'idée bien arrêtée de devenir cultivateur et de s'installer dans la colonie à demeure. Il était déjà avec moi en Acadie et je n'avais eu aucune peine à le convaincre de venir s'établir à Québec.

La Compagnie avait tout fait pour le décourager en lui proposant un contrat intransigeant. Cependant, l'homme était déterminé et les marchands n'étaient pas venus à bout de son obstination.

– Le traitement que m'impose la Compagnie est une véritable honte, me dit-il. Je voulais défricher et cultiver et, au lieu de cela, que me réserve-t-on? Trois ans au service de la Compagnie, l'obligation de mettre mes services d'apothicaire au service de la colonie. Je n'aurai pas de droit à la traite, et pour finir, au moment de m'embarquer, j'apprends que le salaire que l'on m'a promis est coupé de moitié! Que dois-je penser de cela?

– Pour ma part, mon ami, je trouve la chose révoltante. Les façons de faire de la Compagnie n'encourageront pas d'autres familles à imiter la vôtre. La colonie y perdra encore une fois et je ne peux rien faire moi-même pour empêcher ces agissements.

– Ne pouvez-vous, au moins, parler aux associés?

– À mon prochain séjour en France, je rencontrerai les marchands et je tenterai encore une fois de leur faire voir à quel point ils font fausse route.

Il n'y avait rien d'autre à tenter et, tandis que la famille Hébert s'installait à Québec, je retournais encore une fois en France rencontrer les marchands.

– Il faut que la colonie se suffise à elle-même, leur expliquai-je pour la centième fois. Il est vital qu'elle produise ce dont elle a besoin. Pour cela, comprenez-le, il faut des colons!

– Si le pays s'habite, de répondre les marchands, les habitants voudront garder pour eux les bénéfices de la traite. Que nous restera-t-il alors?

– Ce ne sont que prétextes pour ne rien faire, ni plus ni moins! tempêtai-je. Vous, des marchands, devriez comprendre que le commerce et l'économie sont à la base d'une nation forte. Il faut miser sur la Nouvelle-France car elle représente l'avenir!

Un moment, je crus avoir gagné. Les marchands firent enfin des offres intéressantes:

– Voilà ce que nous proposons, dirent-ils. La Compagnie enverra quatre-vingts personnes, trois Pères Récollets, des commis, des officiers, des ouvriers et des laboureurs. Ils auront avec eux couvertures, habits, armes et outils pour travailler la terre. Pour défendre Québec, nous fournirons quarante mousquets, vingt-quatre piques, quatre arquebuses, mille livres de poudre à canon et autres fournitures. Les ouvriers auront pour eux du fer, de l'acier, des outils, de la chaux, des briques et des tuiles. Nous fournirons aussi deux meules de moulin. Les laboureurs auront des faux, des faucilles, des bêches et des pioches. Nous donnerons enfin des animaux: deux taureaux, des génisses, des brebis et des grains de semence.

Ces promesses suffirent à la Compagnie pour obtenir auprès du roi le monopole des fourrures. Mais l'année s'écoula sans que les associés aient rempli leurs engagements. L'année suivante passa de la même manière. Les conflits continuaient. Les marchands posaient des conditions que je persistais à considérer comme beaucoup trop rigoureuses.

– Les colons n'auront pas de droit à la traite, décidèrent les marchands.

– J'insiste pour qu'ils y soient intéressés et qu'elle soit libre quant à eux, leur répondis-je.

– Cela est impossible, Monsieur de Champlain, ce serait faire disparaître nos profits. Nous nous y opposons.

– Donnez-moi au moins des soldats pour défendre Québec!

– Encore des dépenses! Et en échange de quoi?

Désespérant de convaincre les marchands, je m'employai à faire connaître la colonie auprès du peuple français.

En l'année 1618, je présentai deux mémoires, l'un à la Chambre, l'autre à Louis XIII, devenu roi de France. Ces rapports avaient pour but de persuader les Français de l'utilité de leur colonie d'outre-mer.

J'y vantais les richesses du pays qui sont plus grandes qu'on ne saurait l'imaginer.

Je faisais mention, en particulier, de la pêche d'où on peut tirer en grand nombre morues, saumons, baleines et morses.

Je parlais des produits du sol dont le chanvre qui sert à la fabrication des toiles et des cordages.

Je discourais au sujet des forêts et enfin des fourrures, sans oublier les pierres précieuses, la vigne et l'élevage du bétail.

Ces démarches allaient-elles avoir des résultats positifs pour la colonie?

Je l'espérais.

8

Quatre années en Nouvelle-France

(1620-1624)

En mai 1619, j'étais à Paris. Le printemps était à son plus beau. Je marchais d'un pas vif dans les rues de la ville. Comme je me sentais loin alors des grands arbres et de la solitude de la vallée du Saint-Laurent. Dans ce Paris bruyant, au milieu du peuple animé et bavard, la petite poignée d'habitants du poste de Québec reculait très loin dans le temps et dans l'espace.

Je m'en allais retrouver Hélène Boulé, devenue Madame de Champlain le 30 décembre 1610. Cela aussi semblait loin. Neuf ans, déjà! Je l'avais laissée presque aussitôt et l'avais peu revue.

Pourtant elle vint elle-même m'accueillir et sembla heureuse de ma venue. Elle s'inquiéta d'avoir des nouvelles de la colonie. Pensait-elle que cette colonie faisait davantage partie de la vie de son mari qu'elle, Hélène? À vingt ans et mariée déjà depuis plusieurs années, elle n'avait pas connu une véritable vie d'épouse.

Lancé sur mon sujet favori, je m'empressai de lui expliquer la situation.

– Voici où en sont les choses, Hélène. L'État ne s'engage pas. Les marchands font des promesses qu'ils ne tiennent pas, dans le seul but d'obtenir le monopole des fourrures. Je désespère qu'ils fassent quoi que ce soit pour les colons. Aussi ai-je décidé de laisser quelqu'un ici pour veiller aux intérêts de la colonie, tandis que je m'embarquerai à nouveau pour la Nouvelle-France.

– M'emmènerez-vous cette fois?

– Cela vous plairait-il? Vous êtes si jeune, vingt ans à peine! La mer à traverser est parfois bien fâcheuse...

– À vrai dire, tout cet inconnu m'effraie un peu, je l'avoue, mais je vous suivrai avec plaisir. J'aimerais goûter un peu de cette vie qui vous a séduit si fort.

– C'est d'accord, ma mie. Nous mettrons à la voile sitôt que possible.

Le départ fut toutefois retardé, car les marchands que je gênais voulurent m'enlever mon poste de commandant de Québec. Ils auraient voulu que je m'occupe uniquement d'exploration et que je laisse à Pont-Gravé le commandement du Fort. Je ne l'entendais pas de cette façon. Je dus aller me défendre à la cour.

Ensuite, mettant fin à la chicane qui opposait le prince de Condé et le maréchal Thémines, le duc de Montmorency devint vice-roi de la Nouvelle-France. Je reçus de lui la mission de fortifier Québec.

Une nouvelle compagnie représentait le duc et veillait sur ses intérêts. Cette compagnie était surtout dirigée par les frères de Caen, mais on la nommait encore généralement la Compagnie de Champlain ainsi que l'ancienne.

Finalement, je partis pour Québec, en compagnie d'Hélène, au printemps de l'année 1620.

Dès l'arrivée, je fus impatient de montrer à ma jeune épouse cette terre que je considérais un peu comme mon domaine.

– Voyez, Hélène, lui dis-je en désignant Québec dans un grand geste de propriétaire: la famille Hébert a maintenant sa maison au sommet de la Côte de la Montagne. Le boulanger et le serrurier ont aussi des logements . . .

– Et nous, avons-nous un logement?

– L'Abitation . . .

– . . . ne ressemble guère à la demeure dont vous m'aviez parlé.

– Les ouvriers, occupés ailleurs, l'ont en effet négligée.

– Négligée? Vous voulez dire que cette maison est un pauvre logis abandonné et ouvert à tous les vents! Il y pleut de toutes parts et l'air y entre par les fentes du plancher . . .

– Vous avez raison et tout cela est déplorable. Le magasin lui-même tombe en ruines. Mais ne vous désolez pas, ma douce, tout cela sera réparé. Je mettrai les ouvriers à l'ouvrage. Bientôt, cette construction, qui n'a plus de maison que le nom, sera en mesure de nous loger confortablement.

– Puissiez-vous dire vrai! Car, voyez-vous, j'aimerai davantage le pays si je puis m'y sentir chez moi.

Devant l'état lamentable des bâtiments, je jugeai préférable de bâtir une abitation entièrement neuve plutôt que de réparer l'ancienne. Je conçus moi-même les plans d'un logement qui allait me permettre d'offrir à Hélène une véritable maison.

Après plus de deux ans vécus dans notre logement de fortune, un soir après dîner, j'installai sur la table des parchemins recouverts de dessins.

– Regardez, Hélène, voici les plans de votre futur logis. J'ai déjà fait rassembler les matériaux. Nous pourrons commencer les travaux au printemps.

– Expliquez-moi, je vous prie, tous ces signes et ces chiffres . . .

– Vous avez ici le magasin; lui seul demeurera ce qu'il est maintenant, tout le reste sera reconstruit.

– Il semble d'après ces dessins que l'ensemble sera très grand.

Barcellos 81

– Il y aura un corps de logis de dix-huit toises, avec deux ailes et quatre petites tours à chaque coin de l'ensemble. Un ravelin commandera la rivière sur le devant et le tout sera entouré de fossés. Il y aura aussi un pont-levis.

– Il me tarde de voir tout cela réalisé.

– J'ai déjà fait faire quantité de chaux, j'ai fait préparer le bois et la pierre. Tous les matériaux sont prêts pour la maçonnerie, la charpenterie et le chauffage.

– Ce sera magnifique et, je crois, aussi beau que solide.

– Serez-vous heureuse ici, Hélène? Il me paraît quelquefois que cette vie vous rend triste et mélancolique.

– Je vous confesse que la solitude me pèse. Le pays est dur et sauvage. Les femmes n'y viennent pas nombreuses. Une cinquantaine d'habitants, en tout . . .

– J'ai remarqué pourtant, et à mon grand plaisir, que nos Indiens vous aiment et vous vénèrent comme une de leurs déesses tant ils vous jugent belle et bonne.

– Je m'efforce d'apprendre leur langage, car j'aimerais leur faire connaître la vraie Foi. Figurez-vous que ce petit miroir que je porte à ma ceinture les fascine. Ils croient à de la magie quand ils y aperçoivent leur propre image. Je leur dis alors que, grâce à mon miroir, je conserve leur image en mon coeur.

– Ce qui doit les remplir de joie, sans doute.

– En effet, ils en sont tout heureux.

– Vous les connaissez déjà bien et vous me voyez ravi de l'affection que vous leur portez, car je la partage tout à fait.

À ce moment, la question indienne me préoccupait et il ne se passait point de jour sans que mes pensées ne m'entraînent à chercher une solution aux problèmes qu'elle posait.

Je n'avais pas abandonné mon idée de villages français entourés de campements indiens. Le but était toujours le même: enseigner aux Indiens la façon de vivre européenne et prendre en retour chez les Alliés ce qu'il s'y trouvait de bon.

Pendant l'hiver 1622, Miristou, un Indien, était venu me trouver:

– Mon père avant moi, m'avait-il dit, commandait une troupe. Je veux, pour ma part, en faire autant. Ton appui, commandant, me serait précieux auprès de mon peuple et aiderait grandement ma candidature au poste de chef. En échange, je me sens tout disposé à aimer les Français.

– Je veux bien, lui avais-je répondu, t'aider dans ton entreprise, mais je demande que toi et tes trente compagnons veniez vous installer près de Québec où vous sèmerez le maïs.

Ainsi fut fait. Miristou fut nommé capitaine et prit le nom de Mahican Attiq. Il me remercia en m'offrant cent castors.

Je jugeais ces relations avec les Indiens de la plus grande importance, d'autant plus que Québec demeurait une place fort mal défendue. La Compagnie de Champlain ayant des ennuis ne secourait pas les colons comme il aurait fallu, on manquait d'hommes et aussi de provisions. À chaque printemps la famine menaçait. Les Français devaient se contenter du "migan" indien, mélange de maïs et de poisson fort peu à leur goût, ou alors, ils en étaient réduits à se nourrir de racines, ce qui ne les engraissait pas non plus.

Toutes mes demandes à la France demeuraient sans réponse ou peu s'en faut. L'amitié des Indiens devenait une condition de survie. Je tentais par tous les moyens d'obtenir la paix entre les Hurons et les Algonquins d'une part, et les Iroquis d'autre part. Cette guerre indienne durait depuis plus de cinquante ans et on ne voyait pas comment elle prendrait fin.

Pourtant un jour, le 6 juin 1622, deux Iroquois arrivèrent aux Trois-Rivières. Ils venaient, disait-on, pour négocier la paix. Mon prestige auprès des Indiens était grand. Je fus invité par le capitaine Mahican

Attiq au festin qu'il offrit aux Iroquois trois jours après leur arrivée. Je me rendis donc à l'invitation et, le lendemain, c'est moi qui recevais Mahican Attiq avec douze de ses "principaux" et les deux Iroquois.

Tandis que je leur faisais servir un banquet selon leur coutume, je pus les interroger:

– Je serais d'accord, leur dis-je, pour être votre médiateur dans ce traité de paix que vous projetez. Comment comptez-vous le faire?

– Nous parlerons sous le signe de l'amitié, répondirent les Indiens. Nous nous entendrons pour que tous aient le droit de chasse par tout le pays, sur tout le territoire.

– Est-ce là toute la question? N'avez-vous pas d'autres points à discuter?

– De quoi faudrait-il encore parler?

– Pour assurer la paix, il vous faudrait, il me semble, des engagements fermes pris par les deux partis. Ces engagements serviraient de garantie.

– Nous sommes tout disposés à suivre ton conseil qui nous paraît plein de sagesse.

Je posai alors une question qui me paraissait primordiale:

– Est-ce que les deux Iroquois sont députés par leur nation ou bien sont-ils venus d'eux-mêmes?

– Ils sont venus visiter des parents prisonniers. Ils disent qu'ils témoigneront de ce qu'ils verront.

– Alors, voici mon conseil. Traitez ces deux Iroquois comme des invités, avec allégresse et cérémonie, mais non pas comme des députés officiels. Ensuite, un de vos sages les accompagnera dans leur pays avec des cadeaux. Il discutera et obtiendra que les Iroquois envoient des représentants officiels. Je serai alors votre intermédiaire pour mener à terme le traité de paix.

Divers incidents menacèrent les pourparlers. Des meurtres isolés d'Indiens et de Français échauffèrent les esprits. Il fallut manoeuvrer avec délicatesse, se montrer prudent mais juste. Je n'avais toujours que très peu d'hommes pour défendre Québec. Je protégeais une position que je savais précaire. Enfin, après de nombreux conciliabules où je servis d'arbitre, la paix fut établie à l'été 1624.

Je dis à Hélène que c'était pour moi l'un de mes plus beaux succès. Je regrettais même de devoir repartir pour la France.

– Qui d'autre mieux que vous, me répondit-elle, pourrait défendre la colonie et obtenir en France l'aide dont elle a besoin?

– Vous avez raison. La colonie manque de tout,

son développement est lent. La vie y est dure. Je ne peux vous blâmer de ne point vouloir y revenir, Hélène.

– J'ai beaucoup réfléchi durant ces quatre années. J'aimerais que vous me donniez permission d'entrer au couvent. C'est mon plus cher désir.

– Vous êtes bien jeune pour prendre pareille décision. Attendez, voulez-vous? Vous aurez tout loisir, en France, d'y réfléchir encore[1]. Quant à moi, il est tout à fait certain que je reviendrai ici.

---

(1) Hélène de Champlain ne revint pas en Nouvelle-France. Elle entra au couvent des Ursulines de Paris en 1645. Elle fonda ensuite un couvent à Meaux où elle mourut à l'âge de cinquante-six ans, sous le nom de Soeur Hélène de Saint-Augustin.

9

La colonie a peine à survivre

(1624-1627)

C'était en 1626. J'étais accoudé au bastingage et regardais l'horizon. J'étais heureux et je souriais en m'entretenant avec Eustache Boulé, mon beau-frère.

Nous nous étions embarqués tous deux ce printemps-là sur la *Catherine*, un beau vaisseau faisant voile vers le pays de Canada.

– Nous voilà donc en route, mon cher Boulé! Bientôt ce sera Québec.

– Deux ans en France, cela vous a paru si long?

– L'arrivée en France à l'automne 1624 n'avait rien de réjouissant! J'ai vu le Roi, puis le duc de Montmorency. "Monsieur de Champlain, m'a dit celui-ci du plus loin qu'il m'aperçut, la Nouvelle-France me cause plus de soucis que ma charge d'amiral. J'ai décidé de me débarrasser de mon titre de vice-roi et des soucis qui l'accompagnent."

– Vous auriez pu rêver, en effet, accueil plus chaleureux.

– Je me suis tout de suite inquiété de savoir qui serait le nouveau vice-roi. “Henri de Lévis, duc de Ventadour, m’a répondu Montmorency, est prêt à acheter la charge. Ce gentilhomme a surtout dans l’idée la religion et la conversion des âmes. C’est un grand coeur et vous l’apprécierez.” Je me suis donc rendu voir le duc de Ventadour.

– Et vous y avez passé l’année.

– Il devait être mis au courant des affaires de la colonie afin de décider de ce qu’il ferait pour elle. Il se préoccupait surtout d’envoyer des jésuites en grand nombre, car il a beaucoup d’admiration pour ces prêtres. Dès l’année dernière, en 1625, les Pères Charles Lallemant, principal du collège de Paris, Jean de Brébeuf, Ennemomt Massé et les Frères François et Gilbert, ont pu, grâce à lui, s’embarquer à Dieppe.

– Les autres décisions du duc, en ce qui nous concerne sont, à mon avis, parfaites. Il vous donne, à vous, cinq vaisseaux à commander et il me donne, à moi, le poste de lieutenant du Fort Saint-Louis à Québec. Se pourrait-il que notre colonie connaisse enfin quelques beaux jours?

Il sembla cependant, à l’arrivée, que ces beaux jours dont parlait Boulé ne fussent pas pour tout de suite. Ma détermination n’était pas ébranlée, mais mon désenchantement était grand.

J’étais donc à nouveau sur cette terre que j’aime. Mais que ce retour était décevant! Sitôt débarqué de la *Catherine,* on m'assaillit de doléances. L'Abitation n'avait pour ainsi dire, pas avancé depuis deux ans. Mes gens avaient dû se nourrir de "migan" indien pour ne pas mourir. Il aurait fallu pourvoir le poste de vivres de façon à avoir des réserves pour deux ans d'avance. Dans la situation présente, le moindre retard des bateaux au printemps plongeait les habitants dans la plus noire inquiétude. Enfin! . . . J'allais remettre tous ces gens au travail. Nous allions finir l'Abitation. Nous construirions une grange au Cap Tourmente pour abriter le foin. Elle serait construite sur le modèle des granges de Normandie. Le Fort Saint-Louis était devenu trop petit pour être utile en cas d'attaque, nous en bâtirions un plus grand. Il serait, lui aussi, érigé à la façon normande. Flanqué de deux bastions, il aurait vue à la fois sur l'Abitation et sur le fleuve . . .

Mais, malgré les efforts et l'énergie dépensés sans compter, les ennuis n'en continuaient pas moins. Je m'inquiétais.

En octobre 1626, nous n'en étions qu'à l'automne et déjà je savais que nous manquerions de vivres au printemps. La paix indienne était fragile et l'hiver serait dur. Cette paix indienne si difficile à maintenir finit par se rompre à l'automne suivant.

Le 20 septembre 1627, la nouvelle avait circulé que les Iroquois se mettaient en marche pour attaquer les Français et les Indiens de la région de Québec. Je n'en avais été nullement impressionné. Selon moi, ces Iroquois n'avaient de hardiesse que celle d'assommer des gens endormis!

Pourtant, au mois d'octobre, deux Français furent assassinés au Cap Tourmente alors qu'ils ramenaient du bétail.

Je réfléchis à la façon de venger cette offense sans pour autant entraîner la perte de la colonie. Exterminer toute une tribu, sans même savoir si elle était vraiment coupable, aurait attisé la haine de toutes les autres. Cela aurait ruiné à coup sûr la traite des fourrures. Or, sans la traite, le pays était perdu. Elle seule, comme toujours, permettait l'exploration et la colonisation. Je réunis donc les capitaines indiens à l'Abitation et décidai de me montrer ferme et solennel.

– Ce meurtre de deux hommes de mon peuple ne saurait demeurer impuni, leur déclarai-je. Il vous faudra rechercher les assassins parmi les vôtres et me les emmener. Je les jugerai et leur ferai subir le châtiment qu'ils méritent. Vous pouvez vous réjouir de ma clémence. Si mon âme était aussi diabolique que celle de ces meurtriers, pour ces deux hommes que l'on m'a tués, j'en ferais mourir au moins cinquante des vôtres! Déjà, dans le passé, je vous ai pardonné le meurtre de deux autres compagnons. Cette fois, je veux les coupables pour en faire la justice. Si vous voulez vivre en paix avec les Français, il vous faut livrer les assassins.

Les Indiens acceptèrent de rechercher les meurtriers et, en gage de leur bonne foi, ils laissèrent trois des leurs en otages à l'Abitation. Ils y demeureraient jusqu'à ce que les responsables du meurtre soient découverts.

Pendant ce temps, les choses ne s'amélioraient aucunement pour la colonie. J'avais l'impression d'avoir été complètement abandonné par la France.

En novembre 1627, les Anglais avaient pris deux de nos vaisseaux en mer. En plus d'être mal nourrie, la colonie ne pouvait même pas assurer sa défense.

Les associés de la Compagnie ne tenaient pas leurs promesses. Ils n'envoyaient ni armes, ni vivres, ni soldats.

Qui s'occuperait enfin de nous?

10

La Compagnie des Cent-Associés

(1628)

En France, pourtant, ce secours que j'appelais de tous mes voeux, avait commencé à prendre le visage d'un homme fin et astucieux, celui du Cardinal, duc de Richelieu.

Chef du Conseil du roi Louis XIII, le Cardinal se saisissait des affaires coloniales avec l'idée bien arrêtée de faire de la France une puissance maritime. Il avait pris le titre de "Grand maître et Surintendant général de la Navigation" et avait entrepris de fonder des compagnies dans le but de développer les colonies de la France. Ce furent la Compagnie des Cent-Associés, pour le Canada, la Compagnie de Saint-Christophe pour les Antilles, ainsi que la Compagnie du Sénégal et la Compagnie des Indes Orientales.

Richelieu avait pris le conseil du chevalier Isaac de Razilly au sujet du Canada.

– Vous, mon cousin, qui êtes marin d'expérience et vous intéressez au commerce comme à la guerre, quelle est votre idée au sujet de la Nouvelle-France? s'était-il informé.

– Je crois possible de faire échec à l'Anglais en y établissant trois ou quatre mille bons colons. Avec un fonds d'environ 300,000 livres* et une direction énergique, il serait possible, je crois, de maintenir la présence française au Nouveau Monde.

Le 29 avril 1627, la charte de la Compagnie des Cent-Associés fut approuvée par le roi, et Richelieu en devint le premier actionnaire**. Les futurs associés, pour la plupart des marchands, des notables et des ecclésiastiques, se réunirent en janvier 1628. Le Cardinal tint tout de suite à mettre les choses au point:

– Messieurs, leur dit-il, cette Compagnie que nous formons maintenant est différente de toutes celles qui l'ont précédée. Ses intérêts seront surveillés par l'État lui-même. Ce pays plein de richesses qui nous appartient au Nouveau Monde ne sera plus dirigé par une poignée de trafiquants, mais par la France elle-même. C'est votre pays, messieurs, que vous représenterez dans la colonie et non plus uniquement le simple commerce. Il est de la plus grande importance d'opposer à l'Anglais une force de quelques milliers de colons en Nouvelle-France.

– Comment donc procéderons-nous, monsieur le Cardinal? dit un marchand. Cet envoi massif de colons m'inquiète.

---

*Livre: Ancienne monnaie de compte. Aujourd'hui, unité monétaire anglaise.

**Actionnaire: personne qui possède une ou plusieurs actions dans une société financière ou commerciale.

– Voici. Le titre de vice-roi est actuellement aux mains du duc de Ventadour, mais il est prêt à remettre la charge sans difficultés. Notre société la reprendra à son compte.

– Où se feront les affaires de la Compagnie?

– Les affaires seront traitées à Paris. Nous élirons un président et un bureau de douze directeurs dont six devront demeurer à Paris. Le roi accorde à la compagnie le monopole de la traite des fourrures à perpétuité. Il donne aussi pour quinze ans le monopole de tout autre commerce, sauf la pêche.

– Que devrons-nous donner en retour?

– Les Associés s'engageront à conduire trois cents colons par an dans la colonie ou quatre mille en tout d'ici 1643.

– Devrons-nous payer l'entretien de tous ces gens?

– Pendant trois ans seulement. Seuls les catholiques pourront émigrer.

– Pour quelle raison?

– Les différences par trop nombreuses entre catholiques et protestants sont à la source de trop d'ennuis. Les deux clans se prennent sans cesse à partie et cela trouble les Indiens. N'oublions pas que l'évangélisation est l'un des buts premiers de notre action après le commerce et l'exploration.

– Nous pourrions envoyer un bon nombre de colons au printemps prochain . . .

– Non, je ne supporterai pas de retard. Il y a cinquante-cinq personnes au poste de Québec qui attendent notre aide. Vous avez deux mois pour le recrutement et l'appareillage.

– Mais ce délai est bien trop court. Vous semblez oublier, de plus, que la guerre contre l'Angleterre est une menace qui plane au-dessus de nos têtes! Pourquoi tant de précipitation?

– Je n'ai pas l'intention de discuter, monsieur. Si ces projets vous font si peur, rien ne vous oblige à demeurer actionnaire de cette compagnie.

Il fallut faire ainsi qu'en avait décidé le Cardinal. À la fin avril 1628, le capitaine Norot commandait un premier navire qui partit de Dieppe. Le 8 mai, un convoi de quatre vaisseaux mit à la voile sous le commandement de Claude de Roquefort pour se diriger aussi vers Québec.

C'était le convoi le plus important que la France ait jamais envoyé à sa colonie. Quatre cents colons, hommes et femmes, étaient du voyage. Il y avait dans les cales des animaux, des vivres et des matériaux de construction. Mais la flotte partit sans escorte militaire. Quelle imprudence! Car, dans le même temps que la France se souciait enfin du Canada, l'Angleterre, pour sa part, avait décidé de s'en emparer.

Qui nous rejoindrait les premiers? Les Français pour nous porter secours ou les Anglais pour nous perdre?

Le 7 juillet, Tadoussac était entre les mains du corsaire anglais David Kirke qui m'envoyait ce message à Québec: "Quand vous serez à court de vivres, disait la note, j'obtiendrai facilement ce qui m'intéresse, qui est d'avoir l'Abitation."

Je répondis aussitôt à l'envoyé de l'Anglais:

– Dites à cet insolent que s'il a envie de nous voir de plus près, qu'il s'achemine plutôt que de nous menacer de si loin!

Cette réponse trompa Kirke. Il crut le poste bien défendu et décida d'attendre avant d'attaquer.

En réalité, la ration des Français pour l'hiver à venir était à peine de sept onces de pois par jour. Et il ne restait pas cinquante livres de poudre à canon.

Ainsi, tandis que Kirke, à Tadoussac, interceptait tous les navires qui s'engageaient dans le fleuve empêchant ainsi l'approvisionnement de Québec, j'attendais, moi, la flotte des Cent-Associés.

Les vaisseaux français ne parvinrent jamais à Québec. Le commandant de Roquefort aurait dû se hâter vers le poste qu'il savait en situation précaire et éviter l'ennemi. Au lieu de cela il se mit à sa recherche pour le battre.

La rencontre eut lieu le 18 juillet. Quand de Roquefort se rendit compte de la force de l'adversaire, il était trop tard. Il ne lui était plus possible de s'échapper à la faveur de la brume. Ce fut le combat.

Deux hommes seulement furent tués mais tous les autres capturés et retournés en France. La dernière chance des Français de Québec disparaissait.

Cet hiver-là fut terrible. Les colons manquaient de tout. Le froid était tel qu'on entendait se fendre les troncs des arbres. Je pensai un instant faire hiverner mes gens chez les Indiens, puis j'y renonçai. Les seuls navires visibles le long des côtes étaient des navires anglais.

Aucun secours ne vint de France.

Le 19 juillet, Kirke était à Québec.

11

Québec aux mains de l'Anglais

(1629-1632)

Il était environ dix heures du matin. Quelques compagnons étaient à pêcher, d'autres s'occupaient à la recherche de racines. J'étais demeuré seul au Fort. Je mettais encore une fois de l'ordre dans les notes que je rassemblais sur tout ce qui touchait de près ou de loin à la colonie. Soudain, des pas précipités me firent lever les yeux et, presque aussitôt, mon serviteur pénétra dans la pièce. À la mine qu'il faisait, je compris tout de suite, avant même qu'il n'ouvre la bouche, qu'il se passait quelque chose d'inhabituel.

– Commandant, finit par articuler l'homme en reprenant son souffle, commandant, les vaisseaux anglais sont devant Québec, à une lieue à peine de l'Abitation.

– Va vite me chercher tous les autres, lui dis-je, pendant que je rassemble les armes et le peu de munitions qui nous restent.

Ce fut vite fait. Les moyens de défense du Fort étaient plus que limités.

Quand Pont-Gravé et les autres eurent rejoint le Fort, on tint conseil. Il fut décidé qu'on demanderait à l'Anglais une capitulation favorable. En cas de refus, on dirait bien à l'ennemi que le combat serait rude en dépit de la faiblesse du Poste.

Kirke, sachant par ses espions l'état de détresse des gens de Québec, accepta néanmoins de négocier la reddition.

Le lendemain, 20 juillet, cent cinquante soldats anglais prenaient possession des lieux. Louis Kirke, qui les commandait, s'entendit avec moi.

– Nos vaisseaux vous ramèneront chez vous, commandant Champlain, me dit-il, mais d'ici là j'insiste pour que vous gardiez votre logement.

– Votre attention me touche, capitaine, mais le sort de ceux de mes colons qui demeureront en Nouvelle-France me préoccupe davantage que le mien.

– Rassurez-vous, commandant, les colons qui resteront ici pourront s'en retourner en leur pays l'année prochaine. Il est entendu qu'ils pourront garder la propriété de leurs biens et je laisserai ici des sentinelles pour les protéger des Iroquois.

– Je vous remercie, capitaine Kirke, et bien que je doive en passer par où il vous plaira, j'apprécie votre courtoisie.

– À vrai dire, commandant Champlain, il me sem-

ble vous accorder beaucoup. Je vous laisse partir avec vos armes, vos habits et vos fourrures. Vos soldats ont droit également d'emporter avec eux leurs habits et une peau de castor. Les religieux ont droit à leurs habits et à leurs livres. Que voulez-vous de plus?

– Ce que je veux de plus? Ce que je veux, capitaine Kirke, j'espère l'obtenir bientôt. C'est que la colonie ne demeure pas à l'Angleterre et revienne à la France.

L'occupation anglaise devait toutefois durer trois ans.

Pourtant, dès juillet 1629, rapatrié avec une partie des colons, je m'empressai de rencontrer le représentant de la Compagnie, à Paris.

– Monsieur de Lauzun, lui dis-je, il faut à tout prix faire quelque chose pour que l'Angleterre remette la colonie à la France.

– Je vous entends bien, Monsieur de Champlain! Comme surintendant de la Compagnie des Cent-Associés, je suis conscient de l'importance de cette restitution. Cependant, l'ambassadeur de France qui négocie la paix à Londres ne considère pas, lui, cette question comme primordiale. Dans son esprit, le pays de Canada ne représente vraiment pas grand-chose.

– J'irai à Londres voir Monsieur de Châteauneuf, l'ambassadeur. Je lui montrerai une carte du pays afin qu'il comprenne la valeur des découvertes que nous avons faites et qu'il voie les richesses qui en découleront pour la France.

– Je crains que l'argument ne soit insuffisant . . .

– Je lui rappellerai aussi que le Canada a été pris par les frères Kirke deux mois après la fin de la guerre entre la France et l'Angleterre. Ce fait devrait à lui seul annuler la conquête!

– Espérons que l'ambassadeur vous écoutera.

Après Londres où je vis l'ambassadeur, je revins en France pour hâter les procédures qui, à mon avis, étaient bien trop lentes. Je vis le roi, le cardinal de Richelieu et les Associés. Je secouai tout ce beau monde, fis tant et si bien que je finis par obtenir qu'un de mes envoyés, un homme à moi, rejoigne de Châteauneuf à Londres pour le guider sur la question de la Nouvelle-France. Finalement, le 23 mars 1632, Québec et Port-Royal furent remis à la France par le traité de Saint-Germain-en-Laye.

Au printemps de l'année suivante, je retournais à Québec et, cette fois, avec le titre de Gouverneur.

En mai 1633, je retrouvais avec une grande joie ma demeure en cette colonie. Nommé lieutenant de Richelieu pour toute l'étendue de la Nouvelle-France, j'avais quitté le port de Dieppe avec trois navires. À mon arrivée à Québec, le canon joua.

Toute la colonie était venue m'accueillir aux cris de "Vive le Gouverneur!". Nous nous rendîmes séance tenante et tous ensemble vers le fort, et j'en repris possession au nom du roi.

C'était plaisir de voir les habitants fraterniser avec les gens que j'avais ramenés de France avec moi. Il y avait là des soldats, des artisans, des ouvriers, de même que quelques femmes et des enfants.

Après tant de luttes, nous allions enfin bâtir la colonie telle que je la rêvais déjà, quinze ans auparavant.

12

Une Nouvelle-France encore à bâtir

(1634-1635)

Et maintenant, en 1634, où en sommes-nous?

Ce qui reste à construire ferait reculer des hommes moins courageux que ceux qui peuplent ce pays. Malgré des années d'efforts, l'entreprise en est encore à ses débuts.

La colonie ne compte environ que cent cinquante hommes. Leur courage et leur obstination pourront-ils suppléer à leur petit nombre?

Pour moi, je ne reprendrai pas la mer, je le sens. J'emploierai le temps qui me reste de vie à bâtir encore. Il me faut d'abord remettre le poste en ordre. L'Abitation est en si pauvre état que c'en est pitié. Il faudra construire un nouveau magasin et réparer la plupart des bâtiments.

La traite est complètement désorganisée. Il me faut retrouver la confiance de mes anciens alliés et amis.

Je ne supporterai pas que mes Indiens traitent avec les Anglais encore trop près d'ici. Je ferai bâtir des cabanes à faire la traite en face du Cap Rouge. L'endroit sera nommé Fort de Richelieu. Pour que les Indiens bravent leur peur des Iroquois, j'enverrai une chaloupe bien équipée et armée jusqu'à la Rivière des Prairies . . .

Pendant les trois années d'occupation anglaise en Nouvelle-France, la guerre a repris de plus belle entre les Iroquois d'une part, les Algonquins et les Montagnais, d'autre part. Depuis l'hiver 1634, les Iroquois, appuyés par les Anglais et les Hollandais, font des attaques répétées contre la colonie, ce qui me préoccupe fort.

Les Iroquois nous narguent et nous méprisent. Il faut leur inspirer la peur des armes françaises. Un poste aux Trois-Rivières serait pour cela d'un grand secours. Je le construirai dès que possible, je le promets d'ailleurs aux Indiens depuis vingt ans. D'autre part, j'ai promis aux Hurons que nos Français épouseront leurs filles quand elles seront chrétiennes.

Je leur demanderai aussi qu'ils nous envoient leurs petits garçons; nous les logerons bien, nous les instruirons et les chérirons comme nos petits frères. Aussitôt que possible, je reprendrai les explorations pour trouver la mer de Chine. Je ne peux malheureusement prendre part moi-même aux expéditions, mais j'enverrai Jean Nicolet, un bon interprète, chez les Ouinipigons. Il y a peut-être espoir de trouver cette mer par là . . .

Mais les projets de Samuel de Champlain furent brusquement interrompus par la maladie.

En octobre 1635, il se trouvait complètement paralysé. En décembre, il n'y avait plus d'espoir de guérison.

Alors mourut celui qu'on surnomma plus tard le "père de la Nouvelle-France". Il rendit l'âme à l'âge de 68 ans, un soir de Noël à Québec.

Qu'allait maintenant devenir la Nouvelle-France?

Ce n'est qu'avec l'arrivée de l'intendant Jean Talon, trente ans plus tard, que les projets de colonisation si ardemment défendus par Champlain seront repris.

QUELQUES DATES

Vers 1567 – Naissance de Samuel de Champlain à Brouage

1593 à 1598 – Champlain combat en Bretagne

1600 – Publication du “Brief Discours”

1603 – Expédition sur le Saint-Laurent

1604 à 1607 – Voyage d’exploration en Acadie

1608 – Fondation de Québec

1610 – Mariage avec Hélène Boulé

1610 à 1615 – Voyages et explorations

1616 – Séjour en Huronnie

1617 – Arrivée de Louis Hébert, premier colon de la Nouvelle-France

1618 – Champlain écrit un manifeste sur l’utilité du pays

1620 à 1624 – Séjour en Nouvelle-France avec Hélène, son épouse

1624 à 1627 – Démêlés politiques

1628 – Richelieu met sur pied la Compagnie des Cent-Associés

1629 – 1632 – Québec passe aux Anglais

1633 – Champlain revient comme gouverneur dans la colonie

1635 – Mort de Champlain le 25 décembre

TABLE DES MATIÈRES

1. Les apprentissages (1580-1595) 11

2. Premier voyage en Nouvelle-France (1603). 21

3. L'Acadie (1604-1607) 27

4. La fondation de Québec (1608) 37

5. Les voyages se poursuivent (1610-1615). 53

6. Un hiver en Huronnie (1616-1617). 69

7. Convaincre les marchands (1617-1618) 83

8. Quatre années en Nouvelle-France (1620-1624). . 89

9. La colonie a peine à survivre (1624-1627) 101

10. La compagnie des Cent-Associés (1628). 107

11. Québec aux mains de l'Anglais (1629-1632). 113

12. Une Nouvelle-France encore à bâtir (1634-1635) 121

ACHEVÉ D'IMPRIMER
EN SEPTEMBRE 1993
SUR LES PRESSES DE
PAYETTE & SIMMS INC.
À SAINT-LAMBERT, P.Q.